Wolfgang Wellmann und Marc Ericson – Pioniere auf Entdeckungsreise

Wolfgang Wellmann

Marc Ericson

FREUD – ADLER – JUNG
Pioniere auf Entdeckungsreise

Die Selbstheilungskräfte der Seele
in der Kreativität erleben...

Eine wiederentdeckte Schatztruhe
mit Alltagsempfehlungen
zum eigenen kreativen
Gestalten des Lebens

Bibliografische Information der Deutschen Nationalbibliothek:
Die Deutsche Nationalbibliothek verzeichnet diese Publikation in
der Deutschen Nationalbibliografie; detaillierte bibliografische
Daten sind im Internet über http://dnb.dnb.de abrufbar.

© 2016 Wolfgang Wellmann
Herstellung & Verlag: BoD – Books on Demand, Norderstedt
ISBN: 978-3-7412-8327-7
Layout und Management: Mario Radestock
Coverbild: Wolfgang Wellmann
Umschlaggestaltung: Christian Ahrens
Buchmalerei: Marc Ericson
Nach dem Originaltext des Manuskripts aus dem Jahr 2001
wurde teilweise die alte Rechtschreibung verwendet.

Prolog

Die Universelle Lebensenergie fließt
in jedem von uns.
Dies auf verschiedenen Ebenen
des Lebens zu erkennen, ist
Freude und ein großer Anteil
unserer inneren Sicherheit.
Nicht jedem ist es gegeben,
dies auch anderen Menschen so
zu verdeutlichen, dass wegführende
Erkenntnisse von vielen zu nutzen sind –
denn das Leben mit seinen
Herausforderungen schätzen und lieben
zu lernen, ist letztlich unser aller Aufgabe.

Pioniere der Lebenskreativität haben uns
mehr als ihre Methoden hinterlassen – ihre
Aufforderung zu Selbstbeobachtung und
Achtsamkeit sind Werkzeuge
zum Entdecken der eigenen, der
befreienden Schaffenskraft,
zu allgemeinem Wohlbefinden.

Inhalt

Vorwort des Herausgebers	9
Seelische Weiterentwicklung und kreative Selbst-Entfaltung	11
Zum grundsätzlichen Verständnis	12

Teil I - Sigmund Freud
Das Leben und die Lehren eines kreativen Menschen — 15
- Einige Hintergrund-Informationen zum Selbststudium — 21
- Der psychische Apparat — 21
- Die psychoanalytische Behandlungstechnik — 21
- Die freie Assoziation — 22
- Die gleichschwebende Aufmerksamkeit — 25
- Die Deutung — 25

Teil II - Alfred Adler
Die Entfaltung des kreativen Menschen — 45
- Eine kurze Einführung — 45
- Der zweite der Pioniere — 47

Teil III - Carl Gustav Jung
Der Entdecker der kreativen Selbstentfaltung — 115
- Eine kurze Einführung — 115
- Die Entdeckungsreise — 118

Ergänzende Gedanken zur „Psychotherapie mit Alltagsanwendung" — 177
- Einblick als Auftakt ... — 179
- Ausblick und Anregung ... — 190

Anhang
- Die universell-poetische Malerei von Marc Ericson — 197
- Die Kunst als eine Schule der Intuition — 201
- Malen in diesem Buch ... — 203
- Titel der Autoren / Titel in Vorbereitung — 206

Die Aquarelle in diesem Buch stammen von Marc Ericson, Psychotherapeut und Künstler. (Siehe Seite 205)

Eine Auswahl der Ölgemälde von Wolfgang Wellmann:
www.wolfgang-wellmann-healing-and art.de

Vorwort des Herausgebers

Freud, Adler, Jung – ist das noch zeitgemäß und sinnvoll? Ist es lohnenswert, sich heute noch damit `als Paket´ zu beschäftigen?

Dieses Buch enthält in Form ausgesuchter Extrakte die Erkenntnisse und Botschaften dieser drei Pioniere, wobei Sigmund Freud mit seinen Basisstudien der Nachwelt gezeigt hat, im Verständnis des Unbewussten in der menschlichen Psyche einen Weg zur bewussteren und kreativen Lebensgestaltung zu sehen.

Sein Weggefährte Alfred Adler, der sich besonders dem Mitgefühl und der Kreativität als einem Weg zur Meisterung des Lebens widmete, ist allein durch diese genannten Begriffe zeitlos aktuell.

C. G. Jung schließlich hat uns als eine Weiterführung der vorherigen Aussagen das Schöpferische als Weg zur Individuation beschrieben, und insofern lohnt es sich auch heute, dieser leicht verständlichen Aufarbeitung bis in unsere heutige Phase der Entwicklung zu folgen.

Das Individuelle ist die Basis für alle Innovationen, für Kreativität, und sie ist deshalb von sehr großer Bedeutung. Die Kostbarkeit des Selbst-Seins zu spüren, sich selbst als wertvoll zu empfinden und kreativ zu sein in dieser Welt der Wettbewerbe, bedeutet auch Leistungsfähigkeit in der Gesellschaft und letztlich für die Gesellschaft.

Das vollentfaltete Individuum ist der größte Leistungsbringer in der Gesellschaft und für die Gesellschaft. Das eigene Wohl und das Wohl der Gesellschaft hängen untrennbar zusammen. Der scheinbare Widerspruch ist aufgehoben und zu einer großen Synthese vereint.

Es kann nicht schaden, gerade auch heute etwas über die Grundlagen der Psyche des Menschen mit ihren Spielarten zu wissen.

Die praktischen Tipps zur eigenen Kreativität als ein Selbstfindungsinstrument runden die Textauszüge ab. Sie zeigen, wie grundlegend die emotionale Gesundung des Menschen ist. Sie steht im Vordergrund dieses Buches.

Diese Textvorlage des Psychotherapeuten Marc Ericson ist in einer Zusammenstellung von Wolfgang Wellmann im Jahr 2001 (zum Teil unter Verwendung der alten Rechtschreibung) entstanden. Sie soll nun, auch ganz bewusst mit einigen eingeschobenen „Aktualisierungen" dem interessierten Publikum zugänglich gemacht werden. Die Leserinnen und Leser haben die Gelegenheit, zwischen der „praktischen" Form e-book und der Papierform zu wählen... wobei klar ist, dass man nur auf Papier malen kann...

Die Bilder dieses Buches helfen dabei, durch Schwingung und Stimmungsgehalt den Wesenskern des begleitenden Textes zu verstärken. Der dadurch entstehende synästhetische Effekt ist für die Entwicklung der Kreativität von Bedeutung, da er die beiden Gehirnhälften – die logische und die phantasievolle – auf harmonische Weise miteinander verbindet. Dies hat auf unser ganzes Leben positive Auswirkungen, denn je ganzheitlicher ein Eindruck ist und über je mehr Sinne er aufgenommen werden kann, desto effektiver ist er.

Entspannung und eine daraus folgende Neuorientierung sind, wie sich immer wieder zeigt, die besten Grundlagen für die Entfaltung der eigenen Kreativität, die zur erfolgreichen Lösung aller Lebensaufgaben erforderlich ist.

Seelische Weiterentwicklung und kreative Selbst-Entfaltung

Diese für die kreative Selbstentfaltung ausgesuchten Texte mit den dazu korrespondierenden Bildern eröffnen neben der Freude des Lesens und Betrachtens besondere Möglichkeiten einer individuellen Nutzung.

Aus dem kreativen, energetischen Schwung des Lesens und des Aufnehmens der eingefügten Bilder entsteht die Chance, im Augenblick selbst kreativ tätig zu werden, und zwar in der hier empfohlenen Weise:

Die zartgrauen Abbildungen der Gemälde können nach eigenem Gefühl spontan ausgemalt und / oder ergänzt werden - ganz wie Sie es im Augenblick wünschen und fühlen. Lassen Sie Ihre Intuition entscheiden, welche Farben Sie wählen!

Hier ergibt sich die Möglichkeit, aus Vorgegebenem im Moment selbst in eine individuelle, kreative Selbstentfaltung hinein zu kommen.

Nutzen Sie die Chance, in Ihr Buch selbst hineinzumalen, und legen Sie Buntstifte o. ä. bereit.
Lassen Sie sich von sich selbst überraschen!

Viel Freude dabei wünschen Ihnen
Marc Ericson und Wolfgang Wellmann

Zum grundsätzlichen Verständnis:

Die Darstellungen der drei großen Tiefenpsychologen Freud, Adler und Jung waren und sind bis heute deshalb so wichtig, weil sie den Menschen erstmals einen praktischen Weg innerhalb der westlichen Kultur zeigen konnten, der jenseits des Predigens und des Moralisierens liegt und der vor allem die praktische Erfahrung beinhaltet.

Von der Tiefenpsychologie von Sigmund Freud über Alfred Adler war es durch Carl Gustav Jung dann nur noch ein kleiner Schritt zu Taoismus und Zen.

Zur psychologischen Erfahrung trat durch diese Erkenntnisse die Ebene eigener Meditationserfahrungen, die den Menschen zu ungeahnter Kreativität zu führen vermag. So bezeichnete ein Taoist ein Gedicht als „die freie Bewegung des absoluten Augenblicks, das plötzliche Erwachen objektiver Wirklichkeit in einem Aufblitzen subjektiver Bewusstheit."

Der Künstler, der meditative Künstler, drückt in seiner Kunst die gleichen Kräfte aus, mit denen er auch sonst sein Leben kunstvoll gestaltet. Und um nicht weniger geht es – es geht um *„die kunstvolle Gestaltung der Kostbarkeit Leben"*.

Schaffen wir dies in diesem Augenblick und im nächsten, so bauen wir unser Haus der Selbstentfaltung für die Ewigkeit. Und dieser Prozess, einmal bewusst und liebevoll begonnen, setzt sich fort bis in alle Zeiten. Dies, einmal wirklich verstanden und in das Leben integriert, ist der Beginn eines bewussten Lebens, im Gegensatz zu einem Leben im Dunklen, Unerleuchteten und daher Sinnlosen. Zur spontanen und meditativen Malerei sagt die taoistische Philosophie:

„Was also ist das Tao-Gemälde? Nach dem, was wir bereits gesagt haben, könnten wir es definieren als spontane Reflektion aus der eigenen inneren Wirklichkeit, ungebunden durch willkürliche äußere Regeln und unverzerrt durch innere Verwirrungen und Begrenzungen. In dieser spontanen Reflektion werden die eigenen Kraftreserven freigesetzt, und die große schöpferische Kraft äußert sich ohne künstliche Bemühungen. Diese Methode der Nicht-Methode in der Malerei ist die Anwendung der taoistischen Philosophie."

„Aus dieser unerschöpflichen Quelle schöpft der chinesische Künstler seine Kraft ... wie Quellwasser aus dem Boden, welches mit Leichtigkeit dahinfließt ... Er gesteht, daß er diesen stillen, murmelnden Strom nicht definieren kann. Alles, was er weiß, ist, daß dieser innere Strom, fließt, wenn er fließen muß und versiegt, wenn er versiegen muß. ... wenn es dem Künstler gelingt, diese Wirklichkeit zu enthüllen, dann wird sein inneres Sein dadurch genauso gefördert, wie es durch die Meditation gefördert würde."

Beginnen wir jedoch mit dem
ersten der drei Forscher,
mit Sigmund Freud.

TEIL I

Sigmund Freud

Das Leben und die Lehren eines kreativen Menschen

Eine kurze Einführung

Dieser große Pionier auf dem Gebiet der Erforschung des menschlichen Wesens, über dessen Entdeckungsreisen hier berichtet werden soll, wurde am 6. Mai 1856 in Freiburg in Mähren geboren.

Er wuchs in das Zeitalter des naturwissenschaftlichen Denkens hinein, was sich in der *Psychoanalyse*, die er im Verlauf seines Lebens geschaffen hat, deutlich widerspiegelte. In seinen Studien widmete er sich den Naturwissenschaften und hier insbesondere den ihn interessierenden biologischen und physiologischen Sachverhalten. Er arbeitete sechs Jahre im physiologischen Laboratorium von Ernst Wilhelm von Brücke. In dieser Zeit erwarb er den Doktorgrad der Medizin.

Während eines Forschungsaufenthaltes in Paris bei dem bedeutenden Neurologen und Psychiater Charcot wuchs sein Interesse für die neurotischen Erkrankungen, insbesondere der damals häufig auftretenden sogenannten *Hysterie*.

Er erlernte von Charcot die Technik der Hypnose, mit der Erfolge bei der Behandlung dieser Erkrankungen erreicht werden konnten.

Sigmund Freud ließ sich 1886 als frei praktizierender Facharzt für Nervenleiden nieder. In den ersten Jahren arbeitete er mit Josef Breuer, einem befreundeten Nervenarzt, zusammen. Hier entstand, in gemeinsamer therapeutischer Bemühung um die Patientin Anna O., eine neuartige Form der Psychotherapie:

Das kathartische Verfahren.

1895 kam es jedoch zum Bruch mit Josef Breuer, da dieser sich Freuds weiteren Entwicklungen nicht anschließen mochte.

Von nun an entwickelte Freud unablässig - und das über vierzig Jahre hinweg - seine Lehre von der seelischen Erkrankung, der er den Namen *Psychoanalyse* gab, weiter.

Sigmund Freud war zweifellos der berühmteste Psychologe seiner Zeit, und auch heute noch ist sein Name der bekannteste in dieser Sparte der Erforschung des menschlichen Innenlebens.

Sein Verdienst ist es unter anderem, daß er als einer der ersten den ihm anvertrauten Menschen einen Raum zur Verfügung stellte, in dem sie in aller Ruhe sich selbst erforschen und kennen lernen konnten.

Einige Hintergrund-Informationen zum Selbststudium

Der psychische Apparat

Nach Sigmund Freud besteht der psychische Apparat, der ein Kennzeichen jedes Menschen ist, aus den drei Instanzen:

Es, *Ich* und *Über-Ich*.

„*Das Es*" versteht Freud als die psychische Repräsentanz der somatischen Triebenergie. Als dünne Rindenschicht, die „*das Es*" umhüllt und mit der Außenwelt verbindet, sieht er „*das Ich*". Dieses hat die schwierige Aufgabe zu erfüllen, die Triebansprüche des „*Es*" mit der Außenwelt in Einklang zu bringen.

Das *Ich* hat aber noch eine weitere wichtige Aufgabe zu erfüllen, nämlich auch den Ansprüchen des *Über-Ich* gerecht zu werden, das als dritte Instanz entstanden ist. Gelingt es dem Ich nicht, seine vielfältigen Aufgaben zu erfüllen, kann der Mensch seelisch erkranken.

Das *Es* ist die Verkörperung des Unbewussten im Menschen, aber auch weite Teile des *Ich* und des *Über-Ich* können unbewusst sein.

Die psychoanalytische Behandlungstechnik

Am Beginn der psychotherapeutischen Bemühungen, den seelisch erkrankten Menschen zu helfen, stand *die Hypnosetechnik*.

Die Heilerfolge damit erwiesen sich jedoch als unstetig, die Behandlung musste häufig wiederholt werden.

Manche Patienten waren dieser Behandlung nicht zugänglich.

Ein bedeutender Fortschritt wurde während der Bearbeitung des Falles der Anna O. erreicht, die ‚talking cure'. Dies war eine Bezeichnung, die die Kranke selbst geprägt hatte. Dahinter stand die Erfahrung, daß die Symptome durch eine besondere Maßnahme im Verlauf der Therapie verschwanden...

durch <u>das Aussprechen von peinlichen Erlebnissen.</u>

Dies war der Beginn der kathartischen Methode.
Der Arzt hat dabei die Aufgabe, für den Heilerfolg das
Aussprechen der peinlichen Erlebnisse zu fordern.

Die freie Assoziation

Die Methode der Katharsis wurde von Freud nun weiterentwickelt. Der Patient sollte entspannt auf dem Diwan, der Couch, liegen und dem Therapeuten spontan alles sagen, was ihm in den Sinn kommt. Dabei soll er insbesondere nicht die Gedanken aussparen, die ihm peinlich sind oder die ihm unwesentlich erscheinen.

Freud bezeichnet dieses Vorgehen als <u>analytische Grundregel</u> und führt dazu aus: „Gelingt es, nach dieser Anweisung Selbstkritik auszuschalten, so wird eine Fülle von Material, Gedanken und Einfällen geliefert.

Erinnerungen, die bereits unter dem Einfluss des Unbewussten stehen, die oft direkte Abkömmlinge desselben sind, können den Therapeuten in den Stand setzen, *das verdrängte Unbewusste* zu erraten und durch die Erkenntnis dessen die Kenntnis seines Ichs zu erweitern."

Die gleichschwebende Aufmerksamkeit

Der Therapeut hat eine analytische Grundregel zu beachten, die als das Gegenstück zur freien Assoziation zu betrachten ist. Er soll sich in einer entspannten inneren Haltung bewusst nichts merken wollen - oder sich gar Notizen machen.

Freud drückt dies mit folgenden Worten aus: „Er soll dem gegebenen Unbewussten des Kranken sein eigenes Unbewusstes als das empfangende Organ zuwenden, sich auf den Analysierten einstellen."

Die Deutung

Eine wichtige Aufgabe des Therapeuten ist es, dem Analysanden die eigenen verdrängten Triebwünsche bewusst zu machen. Dieser erlebt oft seine Symptome als nicht zu ihm gehörig, als abgespalten. Nun soll er lernen, sie in seine Gesamtpersönlichkeit und sein Leben zu integrieren.

Das Ich wird damit in die Lage versetzt, die Herrschaft über die Triebwünsche zu bekommen. An-sprechend drückt es Freud in folgendem Zitat aus: „Wo *Es* war, soll *Ich* werden. Es ist Kulturarbeit etwa wie die Trockenlegung der Zuydersee".

Und weiter: „Worte waren ursprünglich Zauber, und das Wort hat heute noch viel von seiner alten Zauberkraft bewahrt. Durch Worte kann ein Mensch den anderen selig machen oder zur Verzweiflung treiben, durch Worte überträgt der Lehrer sein Wissen auf die Schüler, durch Worte reißt der Redner die Versammlung der Zuhörer mit sich fort und bestimmt ihre Urteile und Entscheidungen. Worte rufen Affekte hervor und sind das allgemeine Mittel zur Beeinflussung der Menschen untereinander."

Freud spricht hier die Bedeutung des Wortes an. Er weist damit auf die Gesprächsfähigkeit hin, die ein Merkmal seelischer Gesundheit **und kreativer Gestaltung** ist.

Durch viele seiner Schriften zog sich hindurch, daß für ihn besonders Vernunft, Intellekt und wissenschaftliche Arbeit zu seinen Idealen seelischer Gesundheit gehören. Besonders von diesen Fähigkeiten erhoffte er den Fortschritt in der Kultur. So schrieb er in ‚Die Zukunft einer Illusion' von 1927: „Die Stimme des Intellekts ist zwar noch leise, aber sie ruht nicht eher, als bis sie sich Gehör verschafft hat." Und: „Zur Erkenntnis der Realität kann nur die wissenschaftliche Arbeit führen."

Als große Erleichterung im Leben betrachtete Freud den Humor. Er war für ihn eine der höchsten psychischen Leistungen.

Je mehr seelische Gesundheit ein Mensch besitzt, desto mehr ist er zum Humor fähig... so Freud... Die Biographen sind sich zum großen Teil darüber einig, daß Freud selbst ein humorvoller Mensch gewesen ist. In seinen Briefen liebte er es, sich häufig symbolisch auszudrücken.

Für ihn war der Humor nicht nur etwas Befreiendes, sondern auch, wie er in seiner Schrift „Der Humor" von 1927 beschreibt, `etwas Großartiges und Erhebendes´. Dieses Phänomen erklärt er so, daß das Ich es verweigert, sich von der Außenwelt kränken zu lassen. Wo sonst Ärger, Wut, Resignation oder andere Affekte einsetzen würden, kann der humorvolle Mensch gelassener, reifer und damit erwachsener reagieren.

Das Ich verhält sich so, wie der Erwachsene gegen das Kindliche, das Unreife und Unwissende. Es fühlt sich daher nicht angegriffen, sondern kann eher darüber lächeln.

Humor ist nicht resignativ, sondern ein optimistisches `Trotzdem´.

Freud ruft aus, daß der Humor uns in vielen Situationen des Lebens folgende Einstellung vermitteln kann:

„Sieh' her, das ist nun die Welt, die so gefährlich aussieht. Ein Kinderspiel, gerade gut, einen Scherz darüber zu machen." Und weiter:

„Wenn das Kind herangewachsen ist und aufgehört hat, zu spielen, wenn es sich durch Jahrzehnte seelisch bemüht hat, die Wirklichkeit des Lebens mit dem erforderlichen Ernste zu fassen, so kann es eines Tages in eine seelische Disposition geraten, welche den Gegensatz zwischen Spiel und Wirklichkeit wieder aufhebt.

Der Erwachsene kann sich darauf besinnen, mit welchem hohen Ernst er einst seine Kinderspiele betrieb, und indem er nun seine vorgeblich ernsten Beschäftigungen jenen Kinderspielen gleichstellt, wirft er die allzu schwere Bedrückung durch das Leben ab und erringt sich den hohen Lustgewinn des Humors."

Humor und die spielerische Freiheit, die Freud erwähnt, scheinen wie der Gegensatz zu den neurotischen Ersatzbildungen der Symptome, die die Schwierigkeiten des Lebens nicht wahrhaben wollen und ihnen auf diese Art ausweichen. Der Humor sieht die harte Realität wohl, aber er nimmt sie an und geht gleichsam über sie hinaus, indem er sie durch spielerische, aber dennoch realitätsbezogene Einstellung und Handlung neu erschafft.

Dann berichtet Freud über sich: „... ein Mensch wie ich kann ohne Steckenpferd, ohne herrschende Leidenschaft, ohne einen Tyrannen, mit Schiller zu reden, nicht leben, und der ist mir geworden."

„In dessen Dienst kenne ich nun auch kein Maß."

„Es ist die Psychologie, von jeher mein fern winkendes Ziel, jetzt seitdem ich auf die Neurosen gestoßen bin, um soviel näher gerückt."

Es scheint, als sei - mit Freud - die Lebensaufgabe für Menschen allgemein tatsächlich das, was am ehesten Sicherheit und Selbstwertgefühl zu geben vermag.

Dies ist der Rahmen, in dem das Leben abläuft, in dem sich letztendlich alles andere in gewisser Weise unterordnet, ist für das Individuum die einzige Möglichkeit, sich selbst zu verwirklichen - und damit, gesund zu werden und dann auch zu bleiben.

An seinen Freund Wilhelm Fließ schreibt Freud: „Wenn us beiden noch einige Jahre ruhiger Arbeit vergönnt sind, werden wir sicherlich etwas hinterlassen, was unsere Existenz rechtfertigen kann. In diesem Bewusstsein fühle ich mich stark gegen alle Sorgen und Mühen des Tages."

Über seine Schöpferkraft, seine produktiven Kräfte, seine eigene Kreativität schreibt Freud folgende bemerkenswerte Worte, die auch an viele Stellungnahmen von Künstlern erinnern und generell für das Geheimnis des schöpferischen Menschen stehen dürften:

„Es arbeitet merkwürdigerweise im untersten Stockwerk. Eine Sexualtheorie dürfte die nächste Nachfolgerin des Traumbuches werden. Heute sind mir mehrere merkwürdige Dinge eingefallen, die ich noch gar nicht recht verstehe. Vom Nachdenken ist ja bei mir keine Rede. Diese Art zu arbeiten tritt ruckweise ein."

Der schöpferische Mensch hat demnach verschiedene Phasen:

Er hat Phasen des Empfangens, wo er `stillhalten´ kann, und er hat auch eher stürmische „Produktionsepochen", in denen sich mit Macht all das Angestaute entlädt.

In „Zeitgemäßes über Krieg und Tod" schreibt Freud 1915, daß man von den Völkern Europas erwartet hatte, „daß sie es verstehen würden, Misshelligkeiten und Interessenkonflikte auf anderem Wege zum Austrage zu bringen."

Und er fährt fort: „Wen aber die Not des Lebens nicht ständig an die nämliche Stelle brannte, der konnte sich aus allen Vorzügen und Reizen der Kulturländer ein neues, größeres Vaterland zusammensetzen."

Und weiter:

„Unter den großen Denkern, Dichtern, Künstlern aller Nationen hatte er die ausgewählt, denen er das Beste zu schulden meinte, was ihm an Lebensgenuss und Lebensverständnis zugänglich geworden war. Keiner von diesen Großen war ihm darum fremd erschienen, weil er in anderer Sprache geredet hatte, weder der unvergleichliche `Ergründer´ der menschlichen Eigenschaften noch der schönheitstrunkene `Schwärmer´ oder der gewaltig drohende `Prophet´, der feinsinnige `Spötter´, und niemals warf er sich dabei vor, abtrünnig geworden zu sein der eigenen Nation und der gleichen Muttersprache."

So sah Freud den `Kulturweltbürger´. Und dann beschreibt er eine Eigenschaft, die man dem Kreativen zuschreiben muß:

<u>Die eigenen Erkenntnisse notfalls</u>
<u>gegen die Gesellschaft vertreten.</u>

„Der einzige, dem diese Veröffentlichung Schaden bringen kann, bin ich selbst. Ich werde die unliebenswürdigsten Vorwürfe zu hören bekommen wegen Seichtigkeit, Borniertheit, Mangel an Idealismus und an Verständnis für die höchsten Interessen der Menschheit. Aber einerseits sind mir diese Vorhaltungen nicht neu, und andererseits, wenn jemand schon in jungen Jahren sich über das Missfallen seiner Zeitgenossen hinausgesetzt hat, was soll es ihm im Greisenalter anhaben, wenn er sicher ist, bald jeder Gunst und Missgunst entrückt zu werden?"

„In früheren Zeiten war es anders, da erwarb man durch solche Äußerungen eine sichere Verkürzung seiner irdischen Existenz und eine gute Beschleunigung der Gelegenheit, eigene Erfahrungen über das jenseitige Leben zu machen. - Aber wenn man überhaupt für Wunschverzicht und Ergebung in das Schicksal plädiert, muß man auch diesen Schaden ertragen können."

Und über die Wissenschaft sagt er: „...wie jung sie ist, wie beschwerlich ihre Anfänge waren und wie verschwindend klein der Zeitraum, seitdem der menschliche Intellekt für ihre Aufgabe erstarkt ist." Und:

„Die Wandlungen der wissenschaftlichen Meinungen sind Entwicklung, Fortschritt und nicht Umsturz". - Und weiter: „...eine rohe Annäherung an die Wahrheit wird ersetzt durch eine sorgfältiger angepasste, die ihrerseits wieder eine Vervollkommnung erwartet."

„<u>Die sinnvolle Einstellung ist demnach auch eine wissenschaftliche</u>, die versucht, sorgfältig die Wahrheit der menschlichen Realität zu finden und danach das Leben zu gestalten. Es ist dies eine flexible, offene Grundeinstellung, die viel Bemühung verlangt, und Gegebenes ständig infrage stellen kann."

Freud erläutert zur ´Auffassung der wissenschaftlichen Arbeit´, „daß unsere Organisation, d. h. unser seelischer Apparat, eben in dem Bemühen um die Erkundung der Außenwelt entwickelt worden ist".

Dazu gehört auch immer wieder das bereits erwähnte Umstürzen von bekannten Gegebenheiten: „Ein Gesetz, das man zunächst für unbedingt gültig gehalten hat, erweist sich als Spezialfall einer umfassenderen Gesetzmäßigkeit oder wird eingeschränkt durch ein anderes Gesetz, das man erst später kennen lernt...".

Über ein kreatives Leben sagte Freud:

<u>„Besondere Befriedigung vermittelt die Berufstätigkeit, wenn sie eine frei gewählte ist, also bestehende Neigungen, fortgeführte oder konstitutionell verstärkte Triebregungen durch Sublimierung nutzbar zu machen gestattet."</u>

Freud bezeichnet ´die <u>Arbeit</u> <u>als</u> <u>Weg</u> <u>zum</u> <u>Glück</u>´, zumal die Früchte den anderen auch zugute kommen, und man kann hieraus vielleicht die nutzbringende, schöpferische Arbeit als eine wichtige Komponente des Gesundseins ansehen. Die schöpferische Arbeit verleiht dem Leben des Individuums seine bestimmte Zielrichtung, die ihn, wie Freud sagt, vom Schicksal unabhängiger macht. Sie stärkt indessen das „Ich", das auf die Außenwelt aktiv gestaltend eingreift.

Freud erkennt und äußert sich dahingehend, daß das Lebensglück häufig im Genusse des Schönen gesucht wird, z. B. in der Schönheit menschlicher Gesten, in der Natur, in der Kunst und selbst in ´wissenschaftlichen Schöpfungen´. „Diese ästhetische Einstellung zum Lebensziel bietet wenig Schutz gegen drohende Leiden, vermag aber für vieles zu entschädigen."

`Der Genuss der Schönheit hat einen besonderen, milde berauschenden Empfindungscharakter.´

`Der kreative Mensch wird sehr empfänglich für Schönheit und Ästhetik bei Menschen, Natur und Kultur sein.´

Mit Äußerungen wie diesen will Freud keinen genauen Weg zur Kreativität vorschreiben. Er zitiert z. B. Friedrich den Großen: „Es gibt hier keinen Rat, der für alle taugt; ein jeder muß selbst versuchen, auf welche besondere Fasson er selig werden kann."

Dieser Ausspruch macht deutlich, <u>daß der kreative Mensch ganz er selbst werden soll</u>, seinen ganz individuellen Weg mit seinen Fähigkeiten und Interessen gehen soll.

Für ein kreatives Leben ist als ein wesentlicher Faktor und bedeutende Schicksalsmacht unbedingt anzuerkennen und zu berücksichtigen:

Die Zerbrechlichkeit und Anfälligkeit unseres Körpers.

Über eine kreative Einstellung gegenüber dem Leben sagte Freud:

"Was sich in einer menschlichen Gemeinschaft als Freiheitsdrang rührt, kann Auflehnung gegen eine bestehende Ungerechtigkeit sein und so einer weiteren Entwicklung der Kultur günstig werden, mit der Kultur verträglich bleiben."

Er ist für die individuelle Freiheit, die in der Auflehnung gegen Ungerechtigkeit die Entwicklung der Kultur fördert. Und Freud geht auf den Dichter ein, der aus sich selbst heraus einen ähnlichen Weg wie die Psychoanalyse gefunden hat:

„Unser Verfahren besteht in der bewussten Beobachtung der abnormen seelischen Vorgänge bei anderen, um deren Gesetze zu erraten und aussprechen zu können. Der Dichter geht wohl anders vor; er richtet seine Aufmerksamkeit auf das Unbewusste in seiner eigenen Seele, lauscht den Entwicklungsmöglichkeiten desselben und gestattet ihnen den künstlerischen Ausdruck, anstatt sie mit bewusster Kritik zu unterdrücken.

So erfährt er aus sich, was wir bei anderen erlernen, welchen Gesetzen die Betätigung dieses Unbewussten folgen muß, aber er braucht diese Gesetze nicht auszusprechen, nicht einmal sie klar zu erkennen, sie sind infolge der Duldung seiner Intelligenz in seinen Schöpfungen verkörpert enthalten."

In seiner Abhandlung „EINE KINDHEITSERINNERUNG DES LEONARDO DA VINCI" schreibt Freud im Jahre 1910:

„Wer die Großartigkeit des Weltzusammenhanges und dessen Notwendigkeiten zu ahnen begonnen hat, der verliert leicht sein eigenes kleines Ich. In Bewunderung versunken, wahrhaft demütig geworden, vergisst man zu leicht, daß man selbst ein Stück jener wirkenden Kräfte ist und es versuchen darf, nach dem Ausmaß seiner persönlichen Kraft ein Stückchen jenes notwendigen Ablaufes der Welt abzuändern, der Welt, in welcher das Kleine doch nicht minder wunderbar und bedeutsam ist als das Große."

Der kreative Mensch begreift sich demnach als jemand, der sich etwas zutraut, der den Mut und das Können hat, um in das Weltgeschehen im Maße seiner Kräfte einzugreifen. Dies ist das gesunde Selbstbewusstsein, das sich in angemessenen Taten äußert, wodurch es sich vom Größenwahn unterscheidet.

Und er fährt fort:

„Sollten wir die ersten Spuren dichterischer Betätigung nicht schon beim Kinde suchen? Die liebste und intensivste Beschäftigung des Kindes ist das Spiel. Vielleicht dürfen wir sagen: Jedes spielende Kind benimmt sich wie ein Dichter, indem es sich eine eigene Welt erschafft oder, richtiger gesagt, die Dinge seiner Welt in eine neue, ihm gefällige Ordnung versetzt."

Freud spricht damit ein Element an, das gegen das Zwanghafte gerichtet ist: Eine ‚spielerische Haltung' bewahren und in schöpferischen Taten zum Ausdruck bringen.

Die Tagträume schildert Freud als Zustände, „in denen sich das Ich mit der Rolle des Zuschauers bescheidet".

Es ist nun `die Kunst des Kreativen´, seine Persönlichkeit so zu gestalten und zu entwickeln, daß sowohl die spielerische Freiheit, die Phantasien und Tagträume bewahrt bleiben, als auch die Kraft und die Nüchternheit, um handelnd in die Realität einzugreifen. Der Neurotiker bleibt entweder in der Phantasie stecken oder er verdrängt diese so stark, daß er nicht mehr schöpferischer Leistungen fähig ist.

Eine Parallele zwischen Dichtung und Therapie deckt Freud auf, indem er sagt, „daß der eigentliche Genuss des Dichtwerkes aus der Befreiung von Spannungen in unserer Seele hervorgeht. Vielleicht trägt es sogar zu diesem Erfolge nicht weniger bei, daß uns der Dichter in den Stand setzt, unsere eigenen Phantasien nunmehr ohne jeden Vorwurf und ohne Schämen zu genießen."

Die Therapie soll Ähnliches leisten, indem sie durch das Bewusstmachen der Verdrängungen dem Ich nach und nach ermöglicht, auch ‚abgespaltene' Triebe, Wünsche und Phantasien zu integrieren.

Wie Freud ausführt, hat auch Goethe die befreiende Wirkung der Katharsis gekannt: „In seiner vielleicht erhabensten Dichtung, der Iphigenie, zeigt uns Goethe ein ergreifendes Beispiel einer Entsühnung, einer Befreiung der leidenden Seele von dem Druck der Schuld, und er läßt diese Katharsis sich vollziehen durch einen leidenschaftlichen Gefühlsausbruch unter dem wohltätigen Einfluss einer liebevollen Teilnahme."

Er fährt fort: „Ich denke, Goethe hätte nicht, wie so viele unserer Zeitgenossen, die Psychoanalyse unfreundlichen Sinnes abgelehnt. Er war ihr selbst in manchen Stücken nahegekommen, hatte in eigener Einsicht vieles erkannt, was wir seither bestätigen konnten, und manche Auffassungen, die uns Kritik und Spott eingetragen haben, werden von ihm wie selbstverständlich vertreten."

„Wenn man auf diesem Hintergrund Goethe bescheinigen darf, er sei `der Seelischen Gesundheit´ sehr nahe gekommen, so deshalb, weil sein Ich sehr umfänglich war. Er hat in sein Ich sowohl die liebes- als auch die hasserfüllten und besonders auch die sexuellen Gedanken, Gefühle, Impulse und Handlungen integrieren können. Er kannte sich umfänglich, brauchte nicht das Unheimliche des Verdrängten zu fürchten. Er hatte die Kraft, auch dieses zu bejahen - er sah sich als Ganzheitlichen Menschen".

Der kreative Mensch muß in gewisser Weise über seine Zeit hinausdenken können. Er erarbeitet sich den gegenwärtigen Stand der Kultur, um nach seinen Erfahrungen und Forschungen einen Schritt weiter zu gehen. - „Normales Angepasst-Sein" kann kein Kriterium für seelische Gesundheit sein. Der Konformismus ist wohl die tiefgreifendste Neurose, da fast alle Menschen von ihr erfasst werden. Und weil sie alle haben, fällt es nicht auf.

Der gesunde Mensch muß also zweifeln am bisherigen Stand der Kultur. Er muß sich fragen, ob nicht mehr Menschlichkeit verwirklicht werden kann.

Über seinen Lebensweg schreibt Freud: „In den Jugendjahren wurde das Bedürfnis, etwas von den Rätseln dieser Welt zu verstehen, und vielleicht selbst etwas zu ihrer Lösung beizutragen, übermächtig."

Dies erscheint mir einer der stärksten Garanten eines kreativen Lebens zu sein:

Interesse an der Welt zu haben und etwas beitragen wollen, um die Probleme lösen zu helfen.

Der bekannte Schriftsteller und Vorsitzender des Goethe-Kuratoriums, Alfons Paquet, schrieb an Freud, wie sehr er die von Freud geschaffenen neuen Forschungsformen in ihren „umwälzenden Wirkungen" bewundert:

„In streng naturwissenschaftlicher Methode, zugleich in kühner Deutung der von Dichtern geprägten Gleichnisse, hat Ihre Forschung einen Zugang zu den Triebkräften der Seele gebahnt und dadurch die Möglichkeit geschaffen, Entstehen und Aufbau vieler Kulturformen in ihrer Wurzel zu verstehen und Krankheiten zu heilen, zu denen die ärztliche Kunst bisher den Schlüssel nicht besaß. Ihre Psychologie hat aber nicht nur die ärztliche Wissenschaft, sondern auch die Vorstellungen der Künstler und Seelsorger, der Geschichtsschreiber und Erzieher aufgewühlt und bereichert."

TEIL II

Alfred Adler

Die Entfaltung des kreativen Menschen

Eine kurze Einführung

Die theoretischen Arbeiten von Alfred Adler sind die Grundlage für seine psychotherapeutische Praxis. Wesentlich zu verstehen ist: Kein Teil seiner Lehre kann richtig verstanden werden, wenn nicht die Gesamtheit seiner Erkenntnisse und seiner Betrachtungsweise erfasst wird. *Der Begriff der Ganzheit* spielt wie bei Adler auch in den abendländischen Philosophien immer wieder eine wichtige Rolle, wie z. B. bei Sokrates, Hegel, Goethe, Schopenhauer, aber auch in den fernöstlichen wie z. B. bei Laotse und Konfuzius.

Alfred Adler verstand unter diesem ganzheitlichen Ansatz, daß der Mensch als Individuum zunächst als eine große unteilbare Ganzheit aufzufassen ist, wobei keine Erscheinung unabhängig für sich betrachtet werden kann, sondern nur im Zusammenhang mit der Gesamtpersönlichkeit. Diese bringt sich in einem einheitlichen Lebensstil zum Ausdruck, welcher einem bestimmten Ziel folgt, das dem Individuum aber nicht bewusst ist oder ihm zumindest nicht von vornherein verstehbar ist. Adler wählte deshalb auch für seine Lehre den Namen *Individualpsychologie*.

Alfred Adler war sich stets bewusst, daß diese Anschauung untrennbar mit der *Sozialpsychologie* verbunden ist. Und hier wird auch der zweite Aspekt seiner Ganzheitstheorie deutlich: Das Individuum ist nämlich auch mit der menschlichen Gemeinschaft in dem Sinne im Zusammenhang zu sehen, als es Teil dieser Gemeinschaft ist und durch sein Tun oder Nicht-Tun zu dieser Stellung bezieht, ob es das bewusst will oder nicht.

Diese Tatsache hat auch eine eminent wichtige politische und gesellschaftliche Bedeutung. Wenn sich jemand z. B. den Fragen der Gesellschaft und Kultur nicht zuwendet und sich in seinem Bereich nicht mit seinen individuellen Möglichkeiten engagiert, so drückt er hiermit das Eingeständnis seiner Schwäche, seiner Uninteressiertheit, seiner Gleichgültigkeit aus.

Dieses Phänomen ist für Adler bereits die Vorstufe neurotischer Erkrankungen, da es die gelockerte Verbindung zur Gemeinschaft zum Ausdruck bringt, die stets in die Isolation und damit zur seelischen Irritation führt.

Für Adler fällt eine Neurose nie `vom heiteren Himmel´, sondern kündigt sich stets in sogenannten ‚nervösen‘ Phänomenen an, die eng mit der Meinung des Individuums von sich selbst, von seinen Mitmenschen und dem Leben überhaupt verbunden sind.

Der dritte Aspekt der Ganzheitslehre ist darin zu sehen, daß der Mensch in die Natur und den Kosmos eingebettet ist, und seine Evolution ist Teil der Lebensgesetze, die sich hieraus ergeben. So konnte der Mensch nur überleben, wenn er sich zusammenschloss und durch Erforschung dieser Gesetze sich eine Kultur schuf. Diese philosophische Betrachtungsweise Adlers fließt unmittelbar in seine psychotherapeutische Praxis ein.

Beide Disziplinen verbinden sich in diesem Zusammenhang in harmonischer Weise miteinander. Seelische Erkrankung - die sich auch oft genug in somatischen Leiden zum Ausdruck bringt - bedeutet für Adler, daß ein Mensch sich selbst nicht begreift, sich als ein Teil der Gemeinschaft nicht richtig begreift und auch die menschliche Gemeinschaft nicht als in Natur und Kosmos eingebettet versteht, was sich heute z. B. in der verheerenden Umweltverschmutzung, verursacht durch den Menschen, zeigt.

Ein Verständnis der neurotischen, perversen, kriminellen, psychosomatischen und psychotischen Erkrankungen ist also nicht ohne diese Einsichten in den „Sinn des Lebens" zu erzielen.

Auf der Basis dieser philosophischen Anschauungen hat sich im Gedankengebäude Alfred Adlers eine wissenschaftliche Menschenkenntnis ergeben, die in dieser Arbeit in den Bereichen der Neurosenlehre, der Diagnostik, der psychotherapeutischen Praxis, der Persönlichkeit des Therapeuten dargestellt werden kann.

Der zweite der Pioniere

Alfred Adler wurde am 7. Februar 1870 geboren. Er war der zweitgeborene Sohn eines Wiener Kaufmanns. In ihm erwachte schon früh der Wunsch, Arzt zu werden. Im Jahre 1888 begann er das Studium der Medizin, und er eröffnete 1900 eine Privatpraxis in Wien.

1902 trafen Alfred Adler und Siegmund Freud zusammen, und wurde Adler wurde der Schüler und Mitarbeiter von Freud.

1907 entstand die Studie über die Minderwertigkeit von Organen, die als das Phänomen der Kompensation beschrieben wurde.

1911 kam es zum Bruch mit Freud, da er Freuds Denkweise nicht mehr akzeptieren mochte.

1912 legte er seine Ansichten über Theorie und Praxis seiner nunmehr *Individualpsychologie* benannten Lehre umfassend dar. Sein Werk heißt: *Über den nervösen Charakter*.

1913 folgte der Sammelband *Heilen und Bilden*, in dem von ihm und seinen Mitarbeitern individualpsychologische Konsequenzen für die Erziehung des Menschen dargelegt werden.

1914 gründete er eine eigene internationale Zeitschrift für Individualpsychologie.

Nach dem Ersten Weltkrieg, in dem Adler als Militärarzt tätig sein musste, begann Adlers Lehrtätigkeit am Pädagogium der Stadt Wien. In dieser Zeit begann er, Erziehungsberatungsstellen einzurichten.

1920 schrieb Adler sein umfassendes Werk „Praxis und Theorie der Individualpsychologie".

1927 erschien sein Werk „Menschenkenntnis'", das aus den Vorlesungen an der Volkshochschule Wien hervorgegangen ist.

1929 legte er in dem Buch „Individualpsychologie in der Schule" seine Gedanken zur Einführung der Psychologie im Bereich des Schulwesens dar.

1933 erschien sein Spätwerk „Der Sinn des Lebens", in dem er besonders die Stellung des Menschen in der Evolution betonte und den Gedanken des Gemeinschaftsgefühls herausstellte.

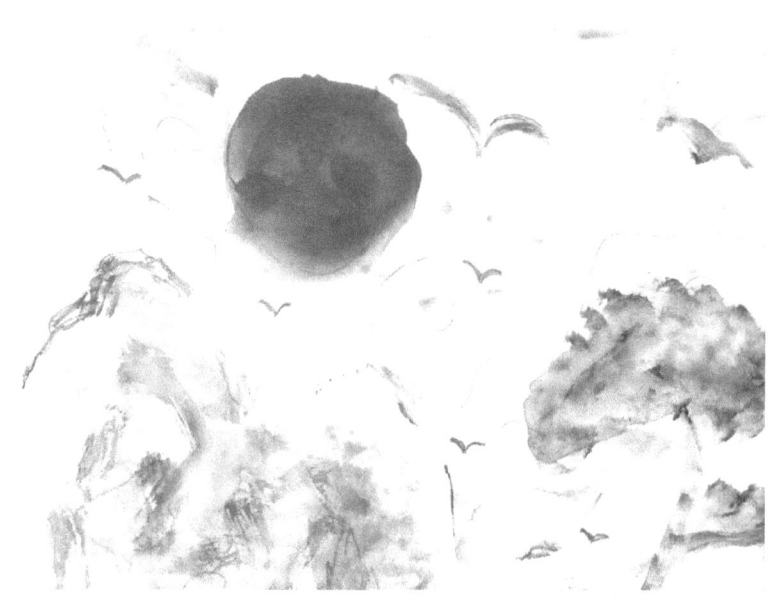

1934 ging er wegen des aufkommenden Faschismus in Europa in die Vereinigten Staaten von Amerika. Im Verlauf seiner rastlosen und mühevollen Tätigkeit verstarb er 1937 während einer Vortragsreise in Schottland.

Sein Schüler und Mitarbeiter Manes Sperber nannte Adler in seinem Buch „Alfred Adler - Der Mensch und seine Lehre" von 1926 „das soziale Genie unserer Zeit".

In der Einleitung zu Adlers Werk „The Science of Living", das 1930 erschienen ist, sagte Philippe Mairet, daß Adler sehr den großen chinesischen Philosophen nahe steht.

Er nannte ihn den `Konfuzius der westlichen Welt´.

Für Adler lebt der Mensch inmitten des Stromes der Evolution.

Das Leben des Individuums ist als ein Teil des Ganzen fest in der menschlichen Gemeinschaft und in Natur und Kosmos eingebunden. Es geht um eine gelungene Anpassung an die Gegebenheiten.

Als einen dem Individuum innewohnenden Drang bezeichnete Adler das Streben nach immer mehr Vervollkommnung.

Ausdruck dieses Strebens innerhalb der menschlichen Entwicklung waren Weltanschauungen, Moral, Religionen, die ihm zur Orientierung verhalfen.

So ist das menschliche Leben wie das der übrigen Natur in einem immerwährenden Ringen begriffen, um den Anforderungen der Welt zu genügen. Dies drückt Adler aus, indem er meint:

„Leben heißt, sich entwickeln."

In den Erscheinungen des Lebens gilt es, das ständig Fließende, das Sich-Entwickelnde, das Strebende zu sehen. Adler fühlt sich mit der Anschauung Lamarcks einig, der auf eine dem Leben innewohnende schöpferische Kraft verweist. Diese strebende Kraft ist auf ein Ziel der Vollkommenheit, auf eine aktive und sinnvolle Anpassung an die kosmischen Bedingungen gerichtet. Sie beinhaltet ein Ringen um Überwindung der Lebensschwierigkeiten.

Da das menschliche Individuum den Gewalten der Natur gegenüber hilflos ausgeliefert ist, kam für ihn nur der Zusammenschluss in Gemeinschaften infrage. Daher wies Adler darauf hin, daß alle Lebensfragen nur im Zusammenhang mit der Evolution gesehen werden können: „Sie erwachsen aus der Bezogenheit des Menschen zur menschlichen Gemeinschaft, zu den kosmischen Faktoren und zum anderen Geschlecht. Ihre Lösung bedeutet das Schicksal der Menschheit und ihrer Wohlfahrt. Der Mensch ist ein Teil des Ganzen."

Adler ist sich bewusst, daß in seiner philosophischen Betrachtungsweise selbstverständlich auch Metaphysik enthalten ist und meint, daß in jeder Idee etwas ausgedrückt ist, was jenseits der unmittelbaren Erfahrung liegt. Nur dadurch können neue Entwicklungsmöglichkeiten angebahnt werden.

„Unmittelbare Erfahrungen ergeben niemals etwas Neues, sondern erst die zusammenfassende Idee, die diese Tatsachen verbindet." Und er fügt hinzu:

„Sie können es spekulativ nennen oder transzendental, es gibt keine Wissenschaft, die nicht in die Metaphysik münden müsste."

Diese Ausführungen erinnern auch an die Worte Goethes, der gesagt hat, daß die Menschen wohl oft die Teile in der Hand haben, es ihnen jedoch am geistigen Band fehle, das alles sinnvoll miteinander verbinde.

Im Chaos des Lebens ist die Fähigkeit des Menschen, nach immer neuen Lebensbedingungen Ausschau zu halten, sehr wichtig. Diese Fähigkeit „...ist um so notwendiger, als jeder Fall sich anders darstellt und zu stets neuen Anstrengungen des künstlerischen Erratens Anlass gibt."

Die Resultate der Individualpsychologie sind für Adler jedenfalls widerspruchslos und werden durch die psychotherapeutische Arbeit ständig bestätigt.

Philosophie und praktische psychotherapeutische Arbeit gehen somit bei Adler ständig Hand in Hand. Das Leben selbst trägt an den Menschen vielerlei Prüfungen heran, die er nur bestehen kann, wenn er mit den Sinnfragen und den kosmischen und gemeinschaftsbezogenen Bedingungen eng verbunden ist.

„Es kann nämlich das Ganze des Individuums nicht aus dem Zusammenhang mit dem Leben - man sagt wohl besser mit der Gemeinschaft - herausgerissen werden. Wie es sich zur Gemeinschaft stellt, verrät erst seinen Lebensstil."

So kann nach Auffassung Adlers Psychologie nicht im luftleeren bzw. wertleeren Raum stattfinden, sondern nur unter Einbeziehung gesellschaftlicher Erfordernisse, die sich nie an der bestehenden und oft wahnhaft unzulänglichen Realität orientieren, sondern an Bedingungen, die als *ideal* für die gesamte Menschheit gedacht werden können und nicht nur für eine kleine Clique.

„An diesem Punkt wird
die Individualpsychologie
zur Wertpsychologie."

Adler meint daher auch: „Psychologie blieb eine harmlose Kunst, bis sich die Philosophie ihrer annahm. In ihr und in der Anthropologie der Philosophen keimen die Wurzeln der wissenschaftlichen Menschenkenntnis."

Adler erwähnt in diesem Zusammenhang Philosophen, die für diese Verbindung von Philosophie und Psychologie entscheidende Meilensteine gesetzt haben, und von denen er selbst anscheinend viel profitiert hat: Kant, Schelling, Hegel, Schopenhauer und Hartmann.

Trotz seiner Meinungsverschiedenheit zu Freud rühmt Adler dennoch dessen großartige Leistung und ist der Meinung, daß durch sie die Psychologie eine große Renaissance erfahren hat. Sein Werk enthält auch zahlreiche philosophische Spekulationen, besonders in den kulturkritischen Abhandlungen und in dem Aufbau des *Seelen-Apparates*.

„Das Eingebettetsein" in die kosmischen und gesellschaftlichen Bedingungen bringt für das Individuum Aufgaben und Verantwortung mit sich, die es nur lösen kann, wenn es ein ausreichendes Gemeinschaftsgefühl in sich entfalten konnte, wenn seine Erziehung dies zugelassen und gefördert hat.

Es ist dann in der Lage, Mitmensch und Freund zu sein, der Gemeinschaft durch seine Beitragsleistung voran zu helfen, Liebespartner und Erzieher zu sein und Interesse für Wissenschaft, Kunst und soziale und ökonomische Fragen entwickeln und sich dafür nach seinen Möglichkeiten zu engagieren.

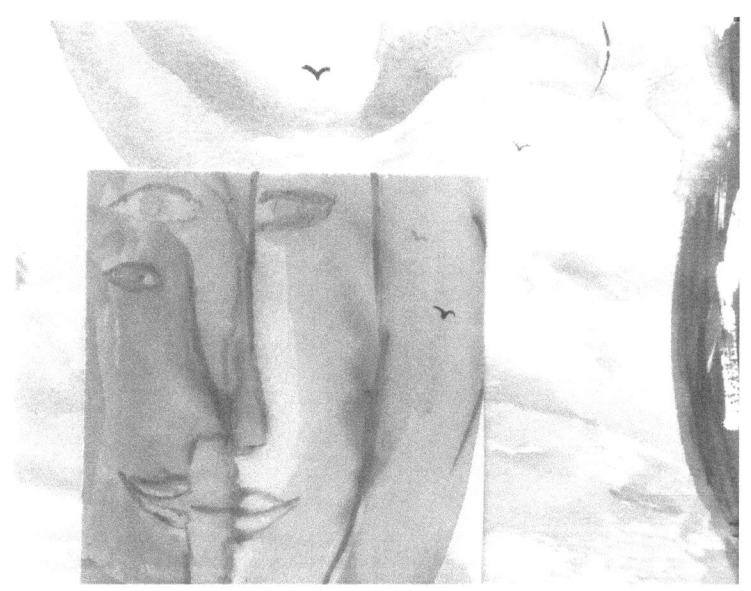

„Der für die Gemeinschaft Erzogene wird leicht Freunde gewinnen. Er wird auch Interesse haben an allen Fragen der Menschheit und seine Auffassung und sein Gehaben zu ihrem Nutzen einrichten."

Ein in dieser Auffassung zum Leben stehender Mensch wird allerdings seine Stimme erheben, wenn Ausbeutung und Unterdrückung die Freiheit des Individuums und seine Entwicklung einschränken, die eng verbunden ist mit der Freiheit und Entwicklung der menschlichen Gemeinschaft.

Nur der Mensch, der das Leben freudig bejahen kann und sich selbst und seine Mitmenschen ernst nimmt, kann Zustände von Unterdrückung, die noch heute überall auf der Welt existieren, zur Kenntnis nehmen und sich aktiv - d. h. durch ein eigenes gemeinschaftsbezogenes Leben, in denen er die Werte, die er anstrebt, teilweise verwirklicht - zur Überwindung einsetzen.

Es ist einsichtig, „...daß die Ausbeutung des Lebens und der Arbeit anderer niemals das Wohl der Menschheit fördern kann." Durch sein eigenes Leben hat Adler für diese Einstellung ein gutes Beispiel gegeben.

Ein isoliertes Seelenleben ist somit nicht vorstellbar. Das einzelne Individuum ist von Beginn seines Lebens an mit seinen Mitmenschen verknüpft. Es nimmt alle Anregungen – die günstigen wie ungünstigen - von außen auf und beantwortet sie in schöpferischer individueller Weise.

Im Hinblick auf eine Erziehung des Kindes meint Adler daher, daß es nicht nur gilt, günstige Einflüsse wirken zu lassen, „...sondern auch genau nachzusehen, was die schöpferische Kraft des Kindes aus ihnen gestaltet...".

Dieses Gemeinschaftsgefühl, das für Adler zum Hauptfaktor seiner Lehre wird, ist ein problematischer Begriff, der auch von den verschiedensten politischen Gruppierungen immer wieder zu allen Zwecken - leider auch häufig in die Katastrophe führenden - missbraucht wurde. So wird er auch bei Adler leicht missverstanden. Er hat sich jedoch immer wieder genau darüber Gedanken gemacht, wie er seine Vorstellung von einem Gemeinschaftsgefühl verdeutlichen kann. Er sagt:

„Gemeinschaftsgefühl besagt vor allem ein Streben nach einer Gemeinschaftsform, die für ewig gedacht werden muß, wie sie etwa gedacht werden könnte, wenn die Menschheit das Ziel der Vollkommenheit erreicht hat. Es handelt sich niemals um eine gegenwärtige Gemeinschaft oder Gesellschaft, auch nicht um politische oder religiöse Formen, sondern das Ziel, das zur Vollkommenheit am besten geeignet ist, müsste ein Ziel sein, das die ideale Gemeinschaft der ganzen Menschheit bedeutet, die letzte Erfüllung der Evolution."

Der Mensch kann laut Adler sein Erdendasein nur durch die Gemeinschaft bewältigen, Sorge für seinen Unterhalt und die Nachkommenschaft tragen. Sprachentwicklung und alle Kulturschöpfungen sind Ausdruck des sich immer stärker entfaltenden Gemeinschaftsgefühls. Oft ging der Mensch aber auch Irrwege in der Entfaltung seiner Kultur, die aus der Not des Daseins und Irritationen des Gemeinschaftsgefühls durch seelische Erkrankungen, wie z. B. durch den Machtwahn, nachvollziehbar sind.

Hierzu bemerkt Adler: „In unserer gegenwärtigen Kultur sehen wir die bisher erreichte, freilich unzulängliche Stufe dieses Strebens."

Die Entfaltung des Gemeinschaftsgefühls ist leider beim Menschen bis in die heutige Zeit hinein noch nicht sehr weit fortgeschritten.

Adlers Traum und Wunsch, es werde sich in ferner Zukunft beim Menschen äußern wie das Atmen und der aufrechte Gang, werden vermutlich noch lange Zeit unerfüllt bleiben.

Für ihn war die Entfaltung des Gemeinschaftsgefühls mit der zwischenmenschlichen Beziehung und einer freiheitlichen Erziehung unauflösbar verknüpft. Es ist, wie die Möglichkeit, Sprache zu entfalten, lediglich eine Disposition und muß durch die Bezugspersonen schon in früher Kindheit angeregt, geweckt und verstärkt werden. Es hängt eng mit der Freude am Leben zusammen, die das kleine Menschenkind empfindet.

Dabei weist Adler immer wieder darauf hin, wie wichtig es ist, dem Kinde schon die Freuden des Daseins nahe zu bringen und ihm zu zeigen, wie alle Schwierigkeiten des Lebens überwunden werden können. Adler wendet sich somit gegen alle Pädagogik, die durch Härte und Strenge das Kind dem Leben gegenüber abhärten will.

Er weist allerdings auch darauf hin, daß dem Kinde nichts abgenommen werden soll, was es seiner Altersstufe gemäß schon selbst bewerkstelligen könnte. Hierunter versteht Adler, was mit dem Begriff Verwöhnung benannt wird, die das Kind dem Leben gegenüber untauglich macht. Liebe und Zärtlichkeit seien jedoch für die Entwicklung des Kindes sehr wichtig.

Gemäß Adlers Evolutionslehre befindet sich das Menschengeschlecht gegenüber der Natur insgesamt in einem Zustand der Hilflosigkeit. Dies sieht er darin begründet, daß der Mensch von seiner biologischen Ausstattung her relativ ungeschützt ist, daß er eine sehr lange Kindheit durchlebt und durch sein Bewusstsein um Gebrechen, Krankheit und Tod weiß. Es liegt jedoch im menschlichen Leben - wie überhaupt in der Tendenz allen Lebens - auch ein Streben nach Überwindung von Schwierigkeiten und Hindernissen.

Alles Leben ist eine Bewegung von unten nach oben, aus einer Minussituation in eine Plussituation, wie Adler dies auch nennt. Alles drängt der Sonne, dem Leben entgegen.

Der Hilflosigkeitssituation beim Menschen, die er auch mit dem Begriff *Minderwertigkeitsgefühl* bezeichnet, steht das Streben nach Überwindung und nach Vervollkommnung des Lebens entgegen. Da der Mensch als Teil einer menschlichen Gemeinschaft zu sehen ist, liegt es in dieser Tatsache begründet, daß das Streben nach Selbsterhaltung und Vervollkommnung, das Adler auch das Geltungsstreben nennt, seine Bahnen zur Verwirklichung innerhalb dieser Gemeinschaft findet.

Jedes Selbstwertstreben findet demnach seinen adäquaten Ausgleich in der sozialen Beitragsleistung, in der Kooperation. Dies benennt Adler auch mit dem Streben auf der nützlichen Seite des Lebens. Durch die Kooperation mit den Mitmenschen erfährt der Mensch auch eine Beruhigung seiner Hilflosigkeitsgefühle. Das Selbstwertstreben des Menschen sollte sich daher so ausrichten „...daß vorrangiges Ziel der Förderung des Gemeinschaftsgefühls sein sollte, mit dessen Hilfe sich nützliche und gesunde Ziele herauskristallisieren können".

Minderwertigkeitsgefühl, Geltungsstreben und das Gemeinschaftsgefühl befinden sich demnach in steter Wechselwirkung.

Ein Begriff ist ohne den anderen nicht zu verstehen, und sie erscheinen innerhalb des Evolutionsgedankens Adlers als wichtige Teile der ganzheitlichen Theorie Adlers.

Bei diesen Ausführungen handelt es sich um die ideale Entwicklung beim Menschen, der seine Selbstentfaltung in den Dienst der Mitmenschen stellt.

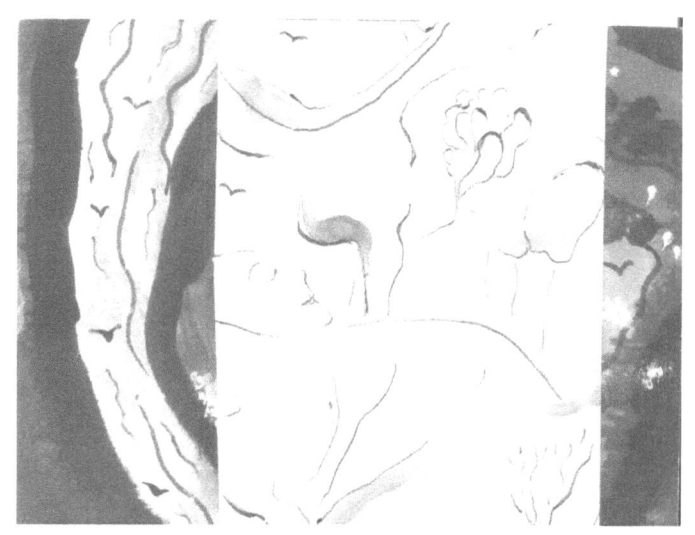

Leider wissen wir nur zu genau, daß diese Tatsachen bei den neurotischen Erkrankungen des Individuums und der Gesellschaften nicht mehr gelebt werden können, sondern daß dann durch ein übersteigertes und gereiztes Minderwertigkeitsgefühl, das dann von Adler Minderwertigkeitskomplex genannt wird, ein Überlegenheits- und Machtstreben entbrennt, wie Adler dies mit folgenden Worten andeutet:

„Minderwertigkeit ist, wie wir gesehen haben, Grundlage menschlichen Strebens und Erfolges. Auf der anderen Seite bildet das Minderwertigkeitsgefühl die Grundlage aller unserer Probleme psychischer Fehlanpassung."

Die Seele des Menschen sieht Adler als ein Organ, das sich zu seiner Orientierung in der Welt immer differenzierter entwickelt hat. Es übernimmt Angriffs-, Sicherungs- oder Schutzfunktionen. „Wir können also ein Seelenleben nur betrachten als einen Komplex von Angriffs- und Sicherungsvorkehrungen, die auf die Welt zurückwirken, um den Bestand des menschlichen Organismus zu gewährleisten und seine Entwicklung sicherzustellen."

Ein isoliertes Seelenleben können wir uns daher nicht denken. Es ist immer auf die Mitmenschen und die Umwelt bezogen, nimmt Anregungen auf und beantwortet sie in individueller Weise.

<u>Ein weiteres Phänomen des Seelenlebens
ist seine Zielgerichtetheit.</u>

„Wir können uns ein Seelenleben nicht vorstellen ohne ein Ziel, zu dem hin die Bewegung, die Dynamik, die im Seelenleben enthalten ist, abrollt."

Diese Zielbildung entsteht beim Menschen in früher Kindheit.

Wir müssen uns das nicht als das bewusste Fassen und Planen eines bestimmten konkreten Zieles denken, sondern diese Zielbildung hängt unmittelbar damit zusammen, welche Meinung das kleine Kind, schon der neugeborene Säugling, von sich selbst, von seinen Mitmenschen und vom Leben gewinnt. Hier spielen natürlich die Pflegepersonen und die ganze Atmosphäre während des Aufwachsens eine große Rolle.

„In diesen frühesten Kindheitstagen schafft sich das Kind irrend und unverständig seine Schablone, sein Ziel und Vorbild und den Lebensplan, dem es wissend-unwissend folgt."

Diesen Lebensplan, diese Meinung von sich, den anderen, dem Leben müssen wir uns nicht sehr kompliziert vorstellen. Es ist einfach ein sehr tiefes, intensives Grundgefühl, welches sich zum Beispiel in folgende Worte kleiden könnte:

<Ich mag mich und die anderen und das Leben sehr gern und möchte mir und den anderen gern Freude machen und mithelfen, daß die Zustände auf der Welt, die leider noch so unzulänglich sind, verbessert werden.>

Dies ist ein Lebensgefühl und ein Lebensplan, der ideal wäre, der aber unter den heutigen Menschen nur sehr selten vorkommen dürfte.

Ein anderer Lebensplan könnte sich wie folgt zusammensetzen:

<Die anderen mögen mich nicht, ich mag sie auch nicht; wenn ich später mal groß bin, werde ich es denen schon zeigen.>

Dieser Lebensplan wird bestimmt später zu anderen Ergebnisse führen.

So ist es möglich, daß der Betreffende neurotisch erkranken kann, da er die Harmonie mit den anderen Menschen und damit mit dem Leben überhaupt nicht gewinnen konnte.

Hier sehen wir auch die große Verantwortung, die in der Erziehung des Kindes begründet ist, denn die Menschen, die das Kind umgeben, sind die Vermittler eines bestimmten Lebensgefühls, aufgrund dessen sich das Kind seine Meinung vom Leben, seinen Lebensplan bildet.

Eine dritte Ausformung so eines zielgerichtet sich auswirkenden Lebensgefühls mag diese folgende sein:

<Dieses Leben ist schrecklich, die anderen quälen mich nur, ich halte es nicht mehr aus, wenn ich nur schon tot wäre oder wenigstens weit weg.>

Es liegt auf der Hand, daß dieses Lebensgefühl zu einem Lebensplan führt, der den Rückzug von den anderen Menschen und vom Leben überhaupt einleitet. Schwere neurotische Erkrankungen und Selbstmordgefährdung können hier die Folge sein.

Auf der Basis dieser Lebenspläne baut sich nun der Mensch in seinem gesamten späteren Leben seine Weltanschauung auf sowie „... alles Wollen, der ganze Kreis der Gedanken, des Interesses, Assoziationsverlauf, Hoffnungen, Erwartungen und Befürchtungen ...".

Alle Begebenheiten des Lebens fallen nun auf den vorbereiteten Boden des Lebensplanes und werden diesem entsprechend wahrgenommen.

Adler spricht hier von der `*tendenziösen Apperzeption*´.

Alfred Adler sagt auch, daß der Mensch buchstäblich seine Erfahrungen „macht", das heißt Situationen selbst so konstruiert, daß sie seinem ursprünglichen Lebensgefühl und seiner Lebensauffassung entsprechen.

Diese Auffassung Adlers erinnert auch an die von Freud hervorgehobene Beobachtung, daß der Mensch wie in einem „Wiederholungszwang" immer wieder bestimmte Lebenskonstellationen wiederholt und immer wieder herstellt, z. B. im Bereich der Ehe, der Lebensführung usw.

Für Adler handelt es sich um eine subjektive Einschätzung des kleinen Menschenkindes, die nicht lediglich Spiegel der tatsächlichen Verhältnisse ist, sondern mit der Interpretation und Einschätzung eben dieser Verhältnisse besser zu erklären ist, so daß Adler formuliert:

„Wichtiger als Anlage, objektives Erlebnis und Milieu ist deren subjektive Einschätzung ...".

Er ist der Auffassung, daß das Kind sich in der Einschätzung seiner Umwelt auch häufig irrt und viele Verhaltensweisen der Erzieher noch nicht richtig versteht und einordnen kann und daher auch fehlinterpretiert.

Alle Lebensäußerungen des Menschen sind ein Teil dieses in der Kindheit und Jugend ausgebildeten Lebensplanes und drücken sich dann *im späteren Lebensstil* wie Adler es nannte aus, der eine in sich geschlossene Ganzheit bildet. „Die richtig verstandenen Teilbewegungen müssen in ihrem Zusammenhang das Abbild eines einheitlichen Lebensplanes und seines Endzieles ergeben".

Aus den Ausdrucksbewegungen eines Menschen, aus seinen Worten, seiner Gestik, am deutlichsten jedoch aus seinen Handlungen, kann auf das Ziel und den Lebensplan eines Menschen geschlossen werden.

Viele auch scheinbar widersprüchliche Lebensäußerungen zeigen für den geschulten Menschenkenner eine einheitliche Zielrichtung, die mehr zum Leben und den Menschen hinführt oder sich vorwiegend abwendet oder sich gegen sie richtet. So kann man feststellen„... wie eine kindliche Schablone in einer manchmal überraschenden Weise bis in die späten Lebenstage hinein wiederzufinden ist."

Da dieser Lebensplan in der frühen Kindheit entstanden ist und diese damit verbundenen Gefühle nicht richtig geäußert und formuliert werden konnten, ist er den meisten Menschen unbewusst geblieben. Sie leben zwar danach, aber es ist ihnen nicht verstehbar, warum sie so oder anders handeln.

Zum Verständnis des zielgerichteten Seelenlebens des Menschen gehört auch die Einsicht des Philosophen Vaihinger, die Adler übernommen hat, daß jeder Mensch sich im Chaos des Lebens durch Fiktionen besser zurecht findet.

Er fasst sich eine Meinung vom Mitmenschen und vom Leben und geht auf beide so zu, als würde die Welt dieser vorgefassten Meinung, diesem Vorurteil entsprechen. Adler nennt diese Eigentümlichkeit „die Fiktion des *als ob*".

Je starrer diese Fiktion aufgrund unglücklicher Kindheitsbedingungen gebildet wird, desto weniger unbefangen können wir an das Leben herangehen, denn „sie...raubt uns die Unbefangenheit des Empfindens und versucht, uns der Wirklichkeit zu entfremden."

Der Mensch bildet sich diese Fiktionen in der Kindheit. Sie gehören zu seinem Lebensplan.

Später geht er dann mit dieser - unbewussten - vorgefassten Meinung an das Leben heran. Adler spricht in diesem Zusammenhang mit einer *geradezu artistischen Eignung des seelischen Apparates*, der Erfahrungen mit dem *Kunstgriff der Fiktion und der Zielsetzung* umwertet, bis sie zum Lebensplan passen.

Es gehört zum großen Verdienst Adlers, daß er den feinen Übergang einer *nervösen Einstellung* zum Leben zur manifesten neurotischen Erkrankung, wie etwa Schlafstörungen oder Phobien, bemerkt und zu einem wichtigen Punkt seiner Menschenkenntnis und Neurosenlehre erklärte.

Die neurotische Erkrankung fällt nämlich nicht *vom heiteren Himmel*, sondern ihre Disposition ist für geschulte Menschenkenner schon aufgrund zahlreicher anderer, eher unauffälligerer Symptome zu erkennen.

Adler hat auch festgestellt, daß der Zeitpunkt der Erkrankung mit bestimmten Lebensschicksalen verknüpft ist, auf die der Betreffende nicht durch seine Einstellung zum Leben vorbereitet war.

Der an der Neurose leidende Mensch musste von Kindheit an „...egoistische, neidische, eifersüchtige Züge in höherem, wenn auch verschiedenem Maße entwickeln, wird, wie in Feindesland lebend, Überempfindlichkeit, Ungeduld, Mangel an Ausdauer, Neigung zu Affektausbrüchen und ein gieriges Wesen zeigen. Die Neigung zum Rückzug und eine übergroße Vorsicht sind dabei gewöhnliche Erscheinungen." Diese von Alfred Adler erwähnten Charakterzüge eines Menschen sind demnach schon Vorformen der *Neurose*.

Es bedarf dann nur noch eines Schicksalsschlages, um zum Ausbruch von schwereren Symptomen wie Depressionen oder psychosomatischen Erkrankungen zu führen.

Diese Schicksalsschläge erscheinen dem außenstehenden Beobachter häufig als Bagatellen. Aber für den Betreffenden, der ihretwegen vielleicht sogar Selbstmord begeht, haben sie einen tiefen, lebensgeschichtlich bedingten Sinn, der im psychologischen Gespräch sichtbar werden kann.

Für Adler besteht auch der Gedanke einer Einheit aller seelischen Irritationen. Für ihn stehen Neurosen, Psychosen, Perversionen, Kriminalität, psychosomatische Störungen auf dem gleichen Boden.

Für ihn handelt es sich stets um den entmutigten, auf das Leben falsch vorbereiteten Menschen, und es ist für ihn eindeutig, „...daß auch die schwersten Verfehlungen nicht unter bewußter Verantwortung zustande gekommen sind, sondern daß der Betreffende ein Spielball seiner schlechten Stellungnahme dem Leben gegenüber geworden ist."

Adler hebt, ähnlich wie Freud auch, hervor, daß die Dynamik des Seelenlebens bei den - scheinbar - gesunden Menschen grundsätzlich die gleiche ist, wie beim seelisch irritierten und kranken Menschen.

Bei letzterem zeigt sich jedoch häufig eine Erstarrung und Überzeichnung von Charakterzügen, die beinahe einer Karikatur des Gesunden gleichkommt. „Was den Nervösen vom Gesunden unterscheidet, liegt in der stärkeren Sicherungstendenz des Kranken, mittels derer er seinen Lebensplan ausstattet."

Der neurotische Mensch konnte in seiner Kindheit und Jugend nicht für die Gemeinschaft gewonnen werden. Er konnte nicht ein ausreichendes Gemeinschaftsgefühl entwickeln und fühlt sich nicht heimisch auf dieser Erde und unter den Menschen. Er traut sich aufgrund seiner Mut- und Hoffnungslosigkeit eine nützliche Beitragsleistung zur menschlichen Gemeinschaft nicht zu.

Aufgrund einer unglücklichen Entwicklung in seiner Kindheit ist er eher zum Gegenmenschen geworden, der einen - bewussten oder unbewussten - Groll gegen die Mitmenschen hegt. So stellte Adler fest, daß „... das konkrete Ziel des Neurotikers immer auf der unnützlichen Seite des Lebens liegt".

Die Charakterzüge des neurotischen Menschen sind Ausdruck dieser Lebensauffassungen. Sie sind nie für sich alleinstehend zu betrachten. Sie entsprechen immer der entmutigten Situation, in der sich ein Mensch befindet.

Der neurotische Mensch befindet sich fast stets in einer Art Kampfstellung gegen die Mitmenschen und die mit ihnen verbundenen Lebensaufgaben:

„So stellt sich die Neurose und die neurotische Psyche als ein Versuch dar, sich jedem Zwang der Gemeinschaft durch einen Gegenzwang zu entziehen. Letzterer ist derart zugeschnitten, daß er der Eigenart der Umgebung und ihren Forderungen wirkungsvoll entgegentritt. Man kann aus seiner Erscheinungsform, demnach aus der Neurosenwahl, auf beide letztere bindende Schlüsse ziehen."

Mit diesen Gedanken macht Adler deutlich, daß die Neurose einen sehr gezielten zwischenmenschlichen Aspekt aufweist.

Sie passt von der Art ihrer Erscheinung her genau in das Beziehungsgefüge der Familie, in der der Betreffende aufgewachsen ist.

Die Neurosenwahl geschieht nicht zufällig, sondern hat lebensgeschichtliche Bedeutung. Sie wird vom Individuum nicht erfunden, sondern hat ihr Modell oder ihre Anregung in frühkindlicher Phase.

Kinder z. B., bei denen besondere Dressurerziehung herrscht, also Zwang, wenden sich mit ihren Störungen dann genau als „Gegenzwang" gegen die Einschränkungen.

Die neurotischen Symptome, wie Adler sie sieht, sind sozusagen Abwehr und Angriff gleichzeitig. Der Neurotiker wehrt sich genau an den Stellen, wo ihn die Einschränkungen der Umwelt am empfindlichsten treffen und greift dann seinerseits - quasi aus Notwehr und aus dem seelischen Unglück - mit seinen eigenen Symptomen diese störende Umwelt an.

Die Leiden, die seine Symptome dem Neurotiker verursachen, bezeichnet Adler als die Kriegskosten:

„...vieles von unseren Qualen und Leiden erzeugen wir selbst und ertragen es im Banne einer Idee".

Der Neurotiker wird von Adler als „ein Fremdling auf dieser Erde" bezeichnet, der nicht mitspielen kann und will, da er sich unter den Menschen nicht heimisch fühlen gelernt hat. Durch seinen in der Kindheit starren und eingeengten und rebellierenden Blickwinkel richtet sich sein ‚Gegenzwang' gegen die Anforderungen der Gemeinschaft später auch da, wo sie durchaus berechtigt sind. Er wehrt sich dann gegen die Arbeit, gegen die Liebe und die Freundschaft, gegen die Pünktlichkeit usw.

Es ist eine weitere wertvolle Beobachtung Adlers, daß die Neurose nicht offen zum Ausbruch kommt, „...solange der Patient sich in einer angenehmen Situation befindet, solange er nicht nach der richtigen Entwicklung, nach seinem Gemeinschaftsgefühl gefragt wird."

Da der Neurotiker Gemeinschaftsgefühl nicht entfalten konnte, richtet sich sein Streben nach Überlegenheit über die anderen Mitmenschen.

Das gesunde Streben nach persönlicher Entwicklung und Reifung, von Adler auch *Geltungsstreben* genannt, ist durch die gefühlsmäßige Isolierung von den Mitmenschen umgeschlagen in Überlegenheits- und Machtstreben. Dieses kann sich auch in feindseligen Handlungen äußern.

Diese grundlegenden Gedanken Adlers sind äußerst wichtig für die *Aggressionsforschung*, denn hier wird klar aufgezeigt, daß die Aggression immer mit vorausgegangenen selbst erfahrenen Aggressionen in Verbindung steht. Es kann ein Mensch an Gemeinschaftsgefühl eben nur soviel weitergeben, wie er in Kindheit und Jugend am lebendigen Leibe erfahren hat.

Charakterzüge, Affektbereitschaften, Träume und die Symptome stehen ganz im Banne des zielgerichteten Lebensstils und wirken in dessen Richtung. Sie dienen mitunter auch als selbst arrangierte Warnungen oder Ermunterungen, um den Lebensstil verwirklichen zu können und bewirken eine Vermeidung aller „...Situationen, in denen die Herrschaft nicht gewährleistet ist."

Es findet sich beim neurotischen Menschen immer eine *zögernde Attitüde* in Bezug auf Bewältigung der drei großen Lebensfragen der Arbeit, der Liebe und der Gemeinschaft.

Es kann stets die Einschränkung des Lebensraumes auf einen kleinen vertrauten Kreis, das Nicht-Mitspielen-Wollen konstatiert werden.

Die Grundsteinlegung für die Neurose findet in der Kindheit statt, insbesondere natürlich in einer erzieherischen Umwelt, „...die selbst schon den Mut verloren hat und von Pessimismus erfüllt ist, der leicht auf das Kind übergehen kann".

Dennoch übersieht Adler nicht den schöpferischen Eigenanteil beim Aufbau des Lebensstils, denn das kindliche Seelenleben ist noch unfertig und kann viele Einwirkungen auch irrtümlich verarbeiten, so „...daß man mit fehlerhaften Antworten zu rechnen hat, wenn sich beim Kind die Notwendigkeit einstellt, sich mit den unabweisbaren Bedingungen der Außenwelt auseinander zu setzen."

Eine solche fehlerhafte Antwort z. B. ist es, wenn sich ein Mensch Ziele setzt im Leben, die sehr übersteigert sind.

Bei einer Dressurerziehung, wo viel kritisiert und genörgelt wird und Fehlermachen nicht erwünscht ist, ist es leicht nachzuvollziehen, wenn sich dann ein Mensch den Plan fasst, nie wieder Fehler machen zu wollen, nie wieder schwach dastehen zu wollen. Es leuchtet ein, daß diese Lebenshaltung nicht mit den Erfordernissen des Lebens übereinstimmt - und demnach bereits die Vorstufe einer neurotischen Erkrankung bildet.

Aus diesem Lebensziel heraus entwickeln sich dann zum Beispiel Schüchternheit oder Rechthaberei, da kein Fehler zugegeben werden darf. Dies verhindert dann natürlich die unbekümmerte Entfaltung der Kreativität. - Für den geschulten Menschenkenner ist die Entstehung neurotischer Symptome keine Überraschung...

Er kann aus der Charakterstruktur eines Menschen erkennen, inwieweit er hierfür disponiert ist, das heißt inwieweit er über Charakterzüge verfügt, die eng mit der Entstehung der Neurose verknüpft sind.

In seinem Werk *Über den nervösen Charakter* erwähnt Adler in diesem Zusammenhang folgende nervöse Charakterzüge:

Geiz, Misstrauen, Neid, Grausamkeit, herabsetzende Kritikbereitschaft, Herrschsucht, Pedanterie, Wahrheitsfanatismus, Entwertungstendenz, Trotz, Gefühl der Verkürztheit, Ungeduld, Unzufriedenheit, Verschlossenheit, Oben-Unten-Denken, Eifersucht, zögernde Attitüde, Schlaflosigkeit oder Schlafzwang, Ängstlichkeit, Selbstmordideen.

In der ‚nervösen' Kultur, in der wir leben, ist es wohl so, daß kaum jemand von diesen nervösen Charakterzügen verschont ist. Diese nervösen Lebenseinstellungen des Menschen disponieren ihn zum Ausbruch der Neurose. Adler nennt folgende kritische Lebenssituationen, denen sich der nervöse Mensch unserer Kultur oft nicht gewachsen fühlt und die ihn dann in die Neurose drängen: Pubertät, Liebe und Partnerschaft, Schwangerschaft, Altern, Prüfungen, Berufswahl, Krankheiten und Tod, Verlust nahestehender Personen. Es sind stets Anforderungen des Lebens „...für die er mangels ausgebildeten Gemeinschaftsgefühls nicht recht vorbereitet ist...".

Das Symptom dient dann als Sicherung, um sich den gefürchteten Lebensaufgaben nicht stellen zu müssen, eine Niederlage, einen Untergang zu vermeiden. In jedem Symptom steckt also ein tiefer Sinn, der auch in der Wahl des Symptoms zum Ausdruck kommt, die lebensgeschichtlich begründet ist.

„Unsere Individualpsychologie lehrt das menschliche Seelenleben als versuchte Stellungnahme zu den Forderungen des sozialen Lebens zu begreifen."

Jeder nervöse Mensch trägt das Gefühl einer über das erträgliche Maß gesteigerten Minderwertigkeit in sich, die ihm durch eine verständnislose Erziehung nahegelegt wurde. Diese kampfesbetonte Erziehung hat nun die Folge, daß der Nervöse nicht genügend Gemeinschaftsgefühl entfalten konnte, sondern eher seinerseits in den Kampf mit den Mitmenschen getreten ist. Diese Einstellung zum Mitmenschen überträgt sich auch auf alle Anforderungen im Leben, die stets sozial, d. h. auf die Mitmenschen bezogen sind.

Daher kommt es zu den von Alfred Adler beschriebenen nervösen Charakterzügen, die er als psychische Bereitschaften versteht, sein Ziel vom Kampf gegen die Menschen zu erreichen, es ihnen zu zeigen, wer der Stärkere ist. Diese bei jedem nervösen Menschen vorhandene Kampfeslust und Trotz kann nun offen, d. h. in aktiver Weise demonstriert werden oder in passiver, d. h. durch die Demonstration von Schwäche, mit der man bekanntlich auch herrschen kann.

Adler beschreibt dies so: „Aus der resultierenden Haltung eines Angreifers oder eines Angegriffenen erwächst dem Nervösen der Eindruck einer besonderen Feindseligkeit des Lebens. Seine Einfügung in die Gemeinschaft ist fortan gehindert, Beruf, Gesellschaft und Liebe fügen sich nicht seiner Kämpferstellung, werden meist scheu umgangen oder bilden bestenfalls den Tummelplatz seines ehrgeizigen Machtrausches. Eine tief pessimistische Weltanschauung und sein Menschenhass bringen ihn um alle Freuden des gebenden Mitspielers."

Sowohl bei der aktiven, als auch bei der passiven neurotischen Einstellung und Lebenshaltung fehlt der Mut, die Lebensaufgaben sinnvoll, d. h. nützlich auch für die anderen Menschen zu lösen. Jeder Neurotiker ahnt, daß er auf vieles im Leben nicht vorbereitet ist, kann dieses sich und den anderen aber nicht offen eingestehen, sondern sucht den Ausweg durch das neurotische Symptom, das immer Ausdruck seiner großen Entmutigung ist. Dieses kann er erst aufgeben, wenn sein Lebensmut und seine Lebenskenntnis gesteigert wird.

Die passiven Neurotiker wählen als Symptom psychosomatische Leiden, Depressionen, Rauschmittelsucht Selbstmordideen usw. Die aktiven Neurotiker weisen als Symptome alle jene Züge auf, die mit Herrschsucht und Machtwahn zusammenhängen. Sie werden z. B. kriminell oder streben Machtpositionen in Wirtschaft oder Politik an.

Für das Individuum liegt natürlich die Basis seiner Entwicklung in der Familie oder in einer anderen frühkindlichen Sozialisationsstätte. Es wächst in einer dort beheimateten Atmosphäre auf und gibt entsprechend dieser eine ganz individuelle Antwort darauf. Jedes Kind findet eine einmalige Lebensposition vor, denn es ist entweder jüngstes Kind, oder ältestes, oder mittleres, bzw. einziges. Es kann auch einziger Junge unter Mädchen sein oder umgekehrt.

So ist es auch zu erklären, daß sich die Kinder in einer Familie völlig unterschiedlich entwickeln. Jedes versucht eben auf seine individuelle Art und seiner Lebenssituation gemäß seine Entwicklung zu vollziehen, einen eigenen Lebensstil, der es von den anderen unterscheidet, zu entwerfen. Diese Beobachtung Adlers wendet sich auch energisch gegen den Vererbungswahn, der alle Eigenschaften der Kinder als angeboren betrachtet.

Dennoch ist es so, daß jede Sozialisationsstätte nur ein Teil eines großen gesellschaftlichen Ganzen ist. Es ist also die einzelne neurotische Erkrankung nicht zu verstehen, ohne den familiären, frühkindlichen Zusammenhang zu beleuchten, aber auch nicht, wenn das soziale Klima der gesamten gesellschaftlichen und kulturellen Umgebung nicht einbezogen wird.

Die Neurose wurde von Adler u. a. als *ein Gegenzwang* definiert, der aufgrund von Zwängen und Einschränkungen als Abwehr und Angriff entwickelt wurde. Es ist also wichtig, die ganz individuell erfahrenen Zwänge herauszuarbeiten, wie es auch wichtig ist, sich über die allgemein wirksamen gesellschaftlichen und kulturellen Zwänge bewusst zu sein.

Adler führt aus, daß die Gesellschaften der letzten Jahrtausende auf dem Prinzip der Gewalt, der Sklaverei und der Leibeigenschaft aufgebaut waren. In den letzten Jahrhunderten und Jahrzehnten ist für die Masse der Bevölkerung zwar immer mehr Freiheit und Gleichheit errungen worden, aber die emotionale Einstellung ist noch nicht völlig über die vergangene Zeit hinausgewachsen. Im Seelenleben ist es so, daß die Veränderung nur sehr langsam vonstatten geht, denn eine Generation gibt der anderen unbewusst weiter, was sie selbst erfahren hat.

Adler drückt diesen Sachverhalt so aus: „Jede Generation lernt auf diese Weise von ihren Vorfahren und bleibt selbst in schwierigsten Zeiten, selbst bei den größten Verwicklungen, zu denen das Machtstreben führt, immer bei dem Erlernten."

So ist es auch zu verstehen „...daß das Prinzip der Unterordnung und die Forderung danach noch immer in den Gemütern der Menschen rege ist und einen Typus zu formen vermag."

Und er fährt fort: „Es ist heute noch immer schwer, sich die Einteilung der Menschen in dienende und herrschende aus dem Kopf zu schlagen und uns völlig als gleich und gleich zu fühlen."

So trifft der Mensch, wenn er in das Klima unserer Kultur hineinwächst, auf folgende Anschauungen, die sich auf sein Gemüt und seine Entfaltung zum Mitmenschen verheerend auswirken: „So die Tatsache des Krieges und seine Glorifizierung im Schulunterricht. Unwillkürlich richtet sich das vielleicht noch unfertige, vielleicht im Gemeinschaftsgefühl schwache Kind auf eine Welt ein, in der es möglich ist, Menschen gegen Maschinen und Giftgase kämpfen zu machen, sie dazu zu zwingen, und es als ehrenhaft zu empfinden, wenn man möglichst viele, sicherlich auch für die Zukunft der Menschheit wertvolle Mitmenschen tötet."

Wenn in unserer heutigen Zeit die Glorifizierung des Krieges auch wohl nicht mehr so offen und unverhohlen betrieben wird, so entsteht doch durch die öffentlichen Medien, wie z. B. Fernsehen, eine selbstverständliche Darstellung kriegerischer Handlungen, die ebenso schädlich auf das erwachende Bewusstsein des Kindes unserer Kultur einwirkt. Die freudvolleren Seiten werden jedenfalls lange nicht mit der Intensität dem Menschen nahegebracht. Auch regen sich insbesondere Menschen der älteren Generationen über Darstellungen der Liebesbeziehungen auf, während sie an Gewaltschilderungen schon gewöhnt sind.

Es führen also die gewalttätigen Äußerungen einer Gesellschaft nicht dazu, das Gemeinschaftsgefühl, welches für die gesunde Entwicklung des Menschen unabdingbar ist, zu fördern.

„Interessanterweise führen sie fast regelmäßig zur Bagatellisierung des Lebens, der Kameradschaft, der Liebesbeziehungen".

Weitere lebensfeindliche Einflüsse treffen das Kind. Adler führt an, daß die Tatsachen der Liebe, der Zeugung und der Geburt dem Menschen nicht richtig vermittelt werden, so daß es später diesen Aufgaben gegenüber hilflos gegenübersteht und ein Zusammenprall mit der Wirklichkeit zum Ausbruch einer Neurose führen kann.

Er fährt dann fort, daß das ungelöste ökonomische Problem ebenfalls schwer auf den Menschen lastet. Das System der Herrschaft und der Unterdrückung erschweren das Zusammenarbeiten der Menschen. Es ist dadurch vergiftet, Rücksichtnahme ist nicht an der Tagesordnung, sondern nur das Streben nach Profit. Führende Menschen im Wirtschaftsleben können laufend feindselige Handlungen ausführen, zum Nachteil des Einzelnen.

„In der Regel sind darauf überhaupt keine Strafen gesetzt, auch wenn ihnen eine bewusste Absicht zugrunde liegt."

Adler führt weitere Auswirkungen des in unserer Kultur herrschenden Machtwahns an: „...schlechte Behandlung von Krüppeln und Greisen und Bettlern, Vorurteile und ungerechte Behandlung von Personen, Angestellten, Rassen und Religionsgemeinschaften, Misshandlungen Schwächerer und von Kindern, Ehestreitigkeiten und Versuche, die Frau in irgendeiner Art als minderwertig hinzustellen sowie anderes mehr, Protzerei mit Geld und Status per Geburt, Cliquenwesen und dessen Auswirkungen bis in die höchsten Kreise setzen neben Verwöhnung und Vernachlässigung den Schlusspunkt in der Entwicklung zum Mitmenschen."

Durch diese Ausführungen macht Adler deutlich, wie die Neurose sowohl im kleinen Bereich der Familie entsteht, als auch durch das allgemein abträgliche gesellschaftliche und kulturelle Klima, in dem der Einzelne nur wenig Chancen hat.

Wenn der Mensch nicht in seiner Mitmenschlichkeit gefördert wird, steigert sich sein Minderwertigkeitsgefühl, und es kommt zum unverhohlenen oder versteckten Machtstreben.

Letzteres erscheint vielleicht in der Neurose, in der Depression oder in psychosomatischen Störungen, ersteres im politischen oder privaten Verbrechen.

„Mangel an Gemeinschaftsgefühl ist immer einem gesteigerten Minderwertigkeitsgefühl zuzuschreiben. Er treibt das Individuum in die Neurose oder zum Verbrechen, und Gruppen und Nationen dem Abgrund der Selbstausrottung entgegen."

Durch diese Worte Adlers wird deutlich, wie sehr die individuelle und die kulturell-gesellschaftliche Neurose im Zusammenhang zu sehen sind.

Das Prinzip der Gewalt, der Unterdrückung und der Ausbeutung findet sich im Prinzip des Staatswesens, der Institutionen, in der Familie. Es findet sich aber auch im Verhältnis der Geschlechter. Seit Jahrtausenden wird in unserer Kultur die Frau durch den Mann unterdrückt und in die zweite Position verwiesen. Adler spricht hier von einem `Irrwege der Kultur´.

Die Männer waren seit dem Umschwung vom Mutterrecht zum Patriarchat immer bestrebt, ihre Vorzüge in den Vordergrund zu rücken und haben stets versucht, der Frau damit ihre Minderwertigkeit zu bescheinigen. In unserem Kulturkreis hat auch die christliche Religion dazu beigetragen, in der ebenfalls das Patriarchat hervorgehoben wird: „Auf geistlichen Konzilien wurde lebhaft besprochen, ob die Frau eine Seele habe, es wurden gelehrte Abhandlungen über die Frage geschrieben, ob sie überhaupt ein Mensch sei." - Was für ein langer Weg zur Gleichberechtigung...

Der Jahrhunderte hindurch wütende Hexenwahn legt ebenfalls Zeugnis ab von diesem verhängnisvollen Irrtum. Man wirft der Frau Bosheit, Verworfenheit, Falschheit, Unbeständigkeit und Unzuverlässigkeit vor. Ihre Tüchtigkeit und Leistungsfähigkeit wird herabgesetzt.

„Redensarten, Anekdoten, Sprichwörter und Witze aller Völker sind voll herabsetzender Kritik der Frau, der Streitsucht, Unpünktlichkeit, Kleinlichkeit, Dummheit (lange Röcke, kurzer Sinn) vorgeworfen wird."

Scharfsinnig bemühten sich selbst große Denker, den Beweis für die Minderwertigkeit der Frau zu erbringen. Adler nennt in diesem Zusammenhang die Autoren Strindberg, Möbius, Weininger und Schopenhauer.

„Alle unsere Einrichtungen, traditionellen Festlegungen, Gesetze, Sitten und Gebräuche geben Zeugnis von einer privilegierten Stellung des Mannes...".

Dies kommt auch heute noch deutlich in der geringeren Entlohnung der Frau für im Prinzip gleiche Arbeit zum Tragen. Stets ist es der Mann, der sich in unserer patriarchalischen Kultur als das Symbol der Macht präsentiert. Adler nannte dieses Phänomen, das aus den Irrwegen der Kultur erwachsen ist, den `männlichen Machtwahn´.

Diesem Streben nach der Macht sind sowohl die Frauen, als auch die Männer verfallen. Bei letzteren drückt sich dieses Verhalten ganz offenkundig in einem typisch männlichen Größenwahn und Überlegenheitsstreben aus, bei den Frauen erfolgt der „männliche Protest" oft auf neurotischen Umwegen als ein eher versteckter Protest.

„Die ganze Kulturgeschichte zeigt uns aber, daß die Bedrückung der Frau und die Einschränkungen, denen sie heute noch unterworfen ist, für einen Menschen unerträglich sind und ihn zur Revolte drängen."

So geht die Mehrzahl der Frauen mit einer demonstrativen Anpassung und Demut durchs Leben. Ihr ungelebtes, unentfaltetes Leben führt zu zahlreichen neurotischen Symptomen, von denen z. B. die Hysterie zu Zeiten Freuds ein hervorstechendes war, welches mit zur Entstehung der Psychoanalyse beitrug.

Die Frauen entwickeln „...nervöse Symptome, präsentieren ihre Schwäche und Berücksichtigungswürdigkeit, wodurch sie gleichzeitig zeigen, wie eine derartige Dressur, eine derartige Vergewaltigung in der Regel durch ein nervöses Leiden bestraft wird und für ein Leben in der Gesellschaft unfähig macht."

Für Adler ist es verständlich, wenn die Frauen in unserer Kultur innerlich aufbegehren gegen die ihnen angestammte Frauenrolle, die ihnen seit Jahrtausenden vorgeschrieben wird. Der Psychologe begegnet hier „...dem Neid des weiblichen Geschlechts auf die höhere soziale Position des männlichen Geschlechts."

Er sagt weiter: „Wir begegnen immer wieder Frauen und auch Mädchen, die Männer sein möchten. Diese Einstellung ist durchaus verständlich, denn wenn wir uns die Verhältnisse unvoreingenommen anschauen, dann können wir feststellen, daß in unserer Kultur die Männer stets eine Vorrangstellung einnehmen; sie sind anerkannter, werden höher eingestuft und genießen mehr Wertschätzung. Moralisch gesehen, ist dies Unrecht und sollte geändert werden." Die Einstellung, lieber ein Mann sein zu wollen, erwächst für das Mädchen bereits durch die geschlechtsspezifische Sozialisation.

Adler beschreibt sehr einfühlsam, wie diese Erziehung vor sich geht: „Nun aber erfahren Mädchen, daß es Männern erheblich besser geht in der Familie, und daß sie sich nicht mit Kleinigkeiten herumzuplagen haben. Sie sehen, daß männliche Wesen in vielerlei Hinsicht freier sind, und diese größere Freiheit des männlichen Geschlechts macht sie unzufrieden mit ihrer eigenen Geschlechtsrolle."

Adler führt aus, daß sie sich wie Jungen verhalten und auch z. T. so wie sie kleiden. Daher erleben viele Mädchen den Einbruch der Pubertät als einen Schock, denn durch die Reifung des weiblichen Körpers wird deutlich, daß sie nun zwangsläufig eine Frau werden und daß sich nun doch mit dieser ungeliebten Frauenrolle näher auseinandersetzen müssen.

So kommt Adler zu der Feststellung: <u>„Wir haben keinen Grund, den bisherigen Zielen der Frauenbewegung nach Freiheit und Gleichberechtigung entgegenzutreten; wir müssen sie vielmehr tatkräftig unterstützen, weil schließlich Glück und Lebensfreude der ganzen Menschheit davon abhängen, daß Bedingungen geschaffen werden, die es der Frau ermöglichen, sich mit der Frauenrolle auszusöhnen."</u>

Alfred Adler trat entschieden für die Ko-Edukation ein. Jungen und Mädchen sollten gemeinsam aufwachsen, gemeinsam in der Schule lernen und sich von früh an gleichberechtigt fühlen.

Die dem Leben angemessene und kreative Lebenseinstellung ist für Adler, sich als ein strebender Teil der gesamten Menschheit und des Kosmos zu empfinden, der sich heimisch fühlt auf dieser Erde. Dieser seelisch gesunde Mensch fühlt sich als ein Gleicher unter Gleichen, und die Frau wertet er dabei in keiner Weise ab. Gegen Gewalt und Krieg wendet er sich mit ganzer Kraft.

Diese hohen, idealen Ziele sind nun allerdings keineswegs leicht zu erreichen. Eher mutet es wie eine Utopie an. Besonders der Psychotherapeut muß in seinem eigenen Leben diesen Werten des seelisch gesunden und sich stets entwickelnden Menschen nachstreben und diese verkörpern.

Zu dem engagierten und kreativen Menschen, der sich einfügt in die Ganzheit der Daseinsbedingungen, des Kosmos, der Gemeinschaft, der großen Lebensaufgaben, gehören auch Charakterzüge, die die Basis für diese Lebensauffassung bilden.

Denn es hängt alles mit allem zusammen.

Der Teilaspekt gehört zum Ganzen und umgekehrt.

Gefühle, Gestaltung von Liebe und Sexualität, Arbeitsfähigkeit sind eng aufeinander bezogen und bedingen einander.

So gehören zu der engagierten Lebensführung Charakterzüge wie Offenheit, Mut, Selbständigkeit, Optimismus usw. ...Diese Menschen treten allen Schwierigkeiten „...mutig entgegen und nehmen sie nicht schwer. Sie haben den Glauben an sich bewahrt und eine günstige Stellung zum Leben gefunden."

Sie verlangen nicht allzu viel im Leben und werden daher auch nicht ständig enttäuscht. Sie halten sich nicht für vorwiegend schwach oder unzulänglich. Sie haben nicht so große Angst vor dem Fehlermachen, denn man kann aus ihnen lernen. Auch an ihrer äußeren Erscheinungsweise kann man die seelisch `gesunden´ Menschen erkennen: „Sie fürchten sich nicht, sprechen offen und frei mit den anderen und genieren sich nicht allzu viel. Plastisch könnte man sie darstellen, wie sie mit offenen Armen dastehen, um den andern zu empfangen."

Der `gesunde´ Mensch hat eine gewisse Lebensfreude und versucht, dem Leben die schönen und angenehmen Seiten abzugewinnen. Bei traurigen Erlebnissen ist er zwar traurig, bricht aber nicht zusammen. In seiner Kindheit war er nicht so sehr dem Gefühl von Minderwertigkeit ausgesetzt, „...so daß er sich ruhig entwickeln, das Leben lieb gewinnen und sich mit ihm auf vertrauten Fuß setzen konnte."

Er verfügt über eine Stimmung des „...Gebens, Förderns, Helfens, die von selbst eine Ausgeglichenheit, eine Harmonie des Seelenlebens mit sich bringt...".

Diese Harmonie des Seelenlebens drückt sich auch durch eine Heiterkeit aus sowie durch die Fähigkeit, Freude zu bereiten.

„Es sind Menschen, die ein heiteres Wesen haben, die nicht immer bedrückt und besorgt einhergehen, auch die anderen nicht immer zum Objekt oder Träger ihrer eigenen Sorgen machen, die es über sich bringen, im Zusammensein mit anderen Heiterkeit auszustrahlen, das Leben zu verschönern und lebenswerter zu machen."

Ihr ganzer Habitus, wie sie sich den anderen nähern, sie begrüßen, sie ansprechen, ihr ganzes Wesen, ihre Mienen, ihre Gebärden drücken diese freudige und heitere Grundstimmung aus.

Das Künstlerische und Kreative ist für Adler die Erfassung des ganzen Menschen in seiner Stellung zur Welt, und zwar intuitiv.

Die großen Dichter, die der Psychologie seit je in dieser Fähigkeit voraus waren, taten dies in ihren Werken stets.

Adler nennt hier besonders Shakespeare, Goethe, Dostojewskij.

„Der Künstler soll nichts anderes anstreben, als die Menschheit zu bereichern, neue Wege zu zeigen, ein neues Verständnis, ein vertieftes Gefühl...".

Und Adler führt über den Künstler weiter aus:

„Wenn wir die Künstler betrachten, so sehen wir sie nicht als etwas Unfassbares, Unerkennbares an, sondern verleihen ihnen die höchste Würde: Menschen, Mitmenschen zu sein, Führer der Menschheit!

Es sind die, die uns sehen, denken, fühlen gelehrt haben, denen wir das Höchste verdanken. Wenn wir da wieder unser soziales Maß anlegen, dann werden wir dessen gewahr, daß der Künstler eine soziale Funktion im höchsten Ausmaß hat."

Adler setzt den Künstler auch in Gegensatz zu den gewalttätigen Leitbildern, die sich aus der Daseinsnot der Menschen ergeben haben. So erfand sich nämlich die Menschheit das Ideal des Titanen, des Helden, des Imperators, das sich bis auf den heutigen Tag erhalten hat und vielleicht beiträgt, die Welt ins Verderben zu bringen, denn diese Heldenideale führten die Menschen stets in den Krieg und damit „...folgerichtig zur Knebelung und Ausrottung der Schwächeren."

Die Not und die Unsicherheit im Leben der Menschen hat sie bisher nicht einen anderen Weg finden lassen, als den des Strebens nach Macht.

Die gewalttätigen Unterdrücker der Menschen sind jedoch alle - zumindest hinsichtlich eines positiven Erinnerungswertes - von der Weltbühne verschwunden, so wie alle Menschen, die keine wirklichen Kulturleistungen hinterlassen haben.

So meint Adler, daß die eigentlichen Führer der Menschheit immer die Künstler, die Denker, Forscher und Entdecker waren. „Die großen Leistungen aber, von denen wir leben, haben sich immer als höchster Wert durchgesetzt."

Und was die Künstler der Menschheit insgesamt zeigen konnten, beschreibt Alfred Adler unter anderem so:

„Unser besseres Sehen, die bessere Wahrnehmung von Farben, von Formen, von Linien verdanken wir den Malern. Unser besseres Hören, damit die feinere Modulation unseres Sprechorgans, erwarben wir von den Musikern. Die Dichter haben uns Denken, Sprechen und Fühlen gelehrt."

Alfred Adler war - dies kann an dieser Stelle einmal hervorgehoben werden - einer der größten Menschenkenner und Menschenfreunde, von denen bisher im Abendland zu berichten gewesen ist.

Er wurde von den großen sozialen Gedanken seiner Zeit geleitet, was ihn vielleicht veranlasste, das Schwergewicht seiner Psychologie auf die Ausrichtung des Menschen auf seine Beitragsleistung zur Gemeinschaft zu legen.

Neuere Forschungen in der Psychologie zeigen, daß wirkliche Beitragsleistungen für die Gemeinschaft erst dann gut gelingt, wenn sie aus dem kreativen Selbstverständnis kommen.

Adler fragte sich - und die Menschen:
„Was kann ich für die Gemeinschaft tun?"

Ein weiterer Titan der Psychologie widmet sich der Frage: „Was kann ich für mich selbst tun, um mich bestmöglich zu entfalten?"

TEIL III

Carl Gustav Jung

Der Entdecker der kreativen Selbstentfaltung

Eine kurze Einführung

Als der Pionier der kreativen Selbstverwirklichung gilt C. G. Jung, der 1875 in der Schweiz geboren wurde. Er studierte die in dieser Zeit noch einheitlicher aufgefassten Naturwissenschaften und Medizin an der Universität Basel und entschloss sich im Jahre 1900, Psychiater zu werden.

Er wurde in Zürich Assistent von Professor Eugen Bleuler in der psychiatrischen `Klinik Burghölzli´.

Ab 1909 widmete er sich vorwiegend nur noch seiner Privatpraxis für Psychotherapie.

1907 begegnete er Sigmund Freud, für dessen Psychoanalyse er sich sehr interessierte und für die sich auch öffentlich einsetzte. Die Freundschaft der beiden Seelenforscher endete allerdings im Jahre 1914, als er sich von Sigmund Freud trennte.

Am 6. Juni 1961 starb C. G. Jung in seinem Haus in Küsnacht.

Zu seinem 80. Geburtstag wurde C. G. Jung der Ehrendoktortitel der Stadt Zürich verliehen mit den Worten:

„Dem Wiederentdecker der Ganzheit und Polarität der menschlichen Psyche und ihrer Einheitstendenz, dem Diagnostiker der Krisenerscheinungen des Menschen im Zeitalter der Wissenschaften und der Technik, dem Interpreten der Ursymbolik und des Individuationsprozesses der Menschheit."

Er erhielt im Laufe seines Lebens Ehrendoktorate der Universitäten Worcester, New York, Benares, Allahabad, Calcutta, Oxford, Genf. Er war Mitglied zahlreicher wissenschaftlicher Gesellschaften – und beherrschte die Kunst, in der Welt anerkannt zu sein und dennoch seinen eigenen Individuationsweg zu gehen; er war selbst bestes Beispiel für seine Lehre.

Über sich selbst sagte Jung:

„Ich bin Arzt, der es mit der Krankheit des Menschen und seiner Zeit zu tun hat und auf Heilmittel bedacht ist, die der Wirklichkeit des Leidens entsprechen."

Gegen Ende seines Lebens fügt er hinzu:

„Die Erinnerung an die äußeren Fakten meines Lebens ist mir zum größten Teil verblasst oder entschwunden. Aber die Begegnungen mit der anderen Wirklichkeit, der Zusammenprall mit dem Unbewussten haben sich meinem Gedächtnis unverlierbar eingegraben.

Da war immer Fülle und Reichtum,
und alles andere trat dahinter zurück."

Die Entdeckungsreise

Es ist bemerkenswert, daß C. G. Jung sozusagen *der Psychologe der anderen Wirklichkeit*, einer spirituellen Wirklichkeit war, nachdem Freud mehr der Psychologe der biologischen, triebbedingten Aspekte und Adler der Psychologe der sozialen Aspekte genannt werden könnte.

In Bezug auf die ‚andere Wirklichkeit' ergänzte Jung:

„Daneben gab es jedoch einen Bereich, wie einen Tempel, in dem jeder Eintretende gewandelt wurde. Von der Anschauung des Weltganzen überwältigt und seiner selbst vergessend, konnte er sich nur noch wundern und bewundern.

Hier lebte ‚der Andere', der Gott als ein heimliches, persönliches und zugleich überpersönliches Geheimnis kannte.

Hier trennte nichts den Menschen von Gott. Ja, es war, wie wenn der menschliche Geist zugleich mit Gott auf die Schöpfung blickte."

Jung beschreibt sich hier als Jungen, der äußerlich mit Familie und Schule mitlebte, aber innerlich eine ganz andere Welt für sich entdeckte, von der er den anderen aber nichts mitteilen konnte, da er spürte, daß ihn niemand verstehen würde.

Jung spürte schon genau als Knabe, daß selbst die Theologen, die sozusagen beruflich ständig von Gott sprachen, nicht aus eigener innerer Erfahrung sprachen. Dennoch ließ er sich in Bezug auf seine inneren Erfahrungen nicht irritieren: „Damals wurde es mir plötzlich klar, daß Gott, für mich wenigstens, eine der allersichersten, unmittelbaren Erfahrungen war."

Er fühlte sich mit dieser inneren Erfahrung als Kind aber oft sehr einsam, denn er nahm schmerzlich wahr, daß es wohl anderen Menschen nicht so spürbar war, sondern daß sie nur um die Erfahrung herum redeten, was ihn peinlich berührte:

„Die Kirche wurde mir allmählich zur Qual, denn dort wurde laut - ich möchte fast sagen: schamlos - von Gott gepredigt, was er beabsichtigt, was er tut. Die Leute wurden ermahnt, jene Gefühle zu haben, jenes Geheimnis zu glauben, von dem ich wusste, daß es die innerste, innigste, durch kein Wort zu verratende Gewissheit war. Ich konnte daraus nur schließen, daß anscheinend niemand um dieses Geheimnis wusste, nicht einmal der Pfarrer; denn sonst hätten sie es nie wagen können, in aller Öffentlichkeit das Gottesgeheimnis preiszugeben und die unsäglichen Gefühle mit abgeschmackten Sentimentalitäten zu profanieren."

Es ist dies wohl in allen institutionalen Religionsgemeinschaften oft der Fall, die Menschen mit dem, was sie glauben sollen, zu sehr zu überfordern. So wird dem Individuum kein Raum gelassen für die eigenen innere Erfahrungen. Jung hat dies als Kind bereits sehr deutlich gespürt.

Die inneren Erfahrungen C. G. Jungs wurden sicherlich auch nur deshalb möglich, weil er schon in Kindheitsjahren die Kunst des Alleinseins genießen konnte. Er nannte es die „...Passion des Alleinseins, die Entzückung der Einsamkeit."

Später konnte er aber auch sagen: „Die Studienzeit war eine schöne Zeit für mich. Alles war geistig belebt, und es war auch eine Zeit der Freundschaften."

Allerdings war es auch keine leichte Zeit für ihn, denn seine Eltern konnten ihn finanziell nicht sehr unterstützen.

Er war aber der Meinung, zumindest rückblickend: „Ich möchte die Zeit der Armut nicht missen. Man lernt die einfachen Dinge zu schätzen."

In diesen Jahren schrieb er in sein Tagebuch:

„Meine Lage spiegelt sich in meinen Träumen. Oftmals herrliche, ahnungsvolle Blicke in blühende Landschaften, unendlich blaue Meere, sonnige Küsten, oft aber Darstellungen fremder Wege in dunkler Nacht, Freunde, die sich von mir trennen ..."

Seine Berufsjahre betreffend, besonders den Beginn seiner seelenärztlichen Tätigkeit, äußert Jung folgendes:

„Die Jahre am Burghölzli, der Psychiatrischen Universitätsklinik von Zürich, waren meine Lehrjahre. Im Vordergrund meines Interesses und meines Forschens stand die brennende Frage: Was geht in den Geisteskranken vor? Unter meinen Kollegen befand sich niemand, der sich um dieses Problem gekümmert hätte."

Jung wollte den Sinn der psychischen Erkrankungen herausfinden und kam zu folgender Schlussfolgerung:

„Durch die Beschäftigung mit den Patienten war mir klargeworden, daß die Verfolgungsideen und Halluzinationen einen Sinnkern enthalten. Eine Persönlichkeit steht dahinter, ein Hoffen und ein Wünschen.

Es wurde mir zum ersten Mal deutlich, daß in der Psychose eine allgemeine Persönlichkeitspsychologie verborgen liegt, daß sich auch hier die alten Menschheitskonflikte wiederfinden." Jung hatte zunächst die Schriften von Freud kennen gelernt.

Besonders Freuds Werk ´Die Traumdeutung´ bezeichnete er als ´epochemachend` ... und „wohl den kühnsten Versuch, der je gemacht wurde, auf dem scheinbar festen Boden der Empirie die Rätsel der unbewussten Psyche zu meistern".

Die beiden Männer befreundeten sich. Freud verstand sich als der geistige Führer und wollte Jung eindeutig als seinen Nachfolger entsprechend schulen. Aber Jung war schon frühzeitig klar: „...ich wusste, daß ich nie imstande sein würde, seine Ansichten sozusagen korrekt, d. h. in seinem Sinne zu vertreten. Ich konnte meine geistige Unabhängigkeit nicht opfern."

Erst Jahre später fragte sich Jung noch einmal, wie es wohl kommen mag, daß die verschiedenen psychologischen Auffassungen entstehen:

„Wie unterscheide ich mich von Freud und Adler? Welches sind die Unterschiede unserer Auffassungen? Als ich darüber nachdachte, stieß ich auf das Typenproblem; denn es ist der Typus, der von vornherein das Urteil eines Menschen bestimmt und beschränkt."

Er war der Ansicht, daß wohl ein Forscher jeweils auf den Erkenntnissen des anderen aufbauen sollte, anstatt sie zu negieren und nur die eigene Sichtweise gelten zu lassen, wie das leider oft geschieht. So bemerkt er aufrichtig:

„Ohne Freud`sche ‚Psychoanalyse' hätte mir der Schlüssel überhaupt gefehlt." Und über Adler schreibt er: „Alfred Adlers Werk ist mir in erster Linie bedeutsam, insofern es dem überlasteten Begriff der Sexualität Freuds die ebenso fundamentale Tatsache des individuellen Geltungsdranges gegenüberstellte."

„Im Gebiete der Biologie entspricht diese Gegenüberstellung dem Triebpaar: Erhaltung der Gattung und Selbstbehauptung des Individuums.

Als ein weiteres ebenso großes Verdienst erscheint mir die bis in kleinste Einzelheiten ausgearbeitete Psychologie und Phänomenologie des Geltungsdranges, welche für die Ätiologie und Struktur der Neurosen im Besonderen und der Psychosen (namentlich der Schizophrenie) im Allgemeinen, von größter Bedeutung ist.

Für den Praktiker besonders wertvoll ist die Tatsache, daß Adler zum ersten Mal den sozialen Aspekt der Neurosenproblematik in ein helles Licht gerückt und damit auch bedeutungsvolle Hinweise und Anregungen zur Therapie gegeben hat. Gleichgültig, wie groß auch der Beitrag des einzelnen Forschers zu seinem Wissensgebiet sein mag, er ist nie abschließende Krönung, sondern Stufe zu weiteren Erkenntnissen.

Eines aber erscheint mir als sicher, daß nämlich Adlers Lebenswerk eine der wichtigsten Grundlagen des Gebäudes einer zukünftigen psychischen Heilkunst bildet."

Jung setzte sich mit seinen beiden berühmtesten Kollegen auseinander und anerkannte ihre Leistungen. Besonders aber nach der Trennung von seinem Förderer und Freund S. Freud (mit Adler verband ihn keine enge private Beziehung), suchte Jung immer stärker nach seinem eigenen Weg, denn er spürte, daß diese beiden Ansätze den gesamten Menschen, um den es ihm ging, nicht vollständig erfassen konnten.

So trat er nach mehrjähriger Tätigkeit als Privatdozent an der Universität Zürich zurück, weil er der Ansicht war:

„...ich fühlte, daß ich zuerst eine neue und ganz andere Orientierung finden müßte, und daß es unfair wäre, in einer aus lauter Zweifeln bestehenden Geistesverfassung jungen Studenten zu lehren."

Jung versuchte nun in einer Art Selbstexperiment, das mehrere Jahre währte, sich mit sich selbst und seinem Unbewussten zu befassen. Er tat dies durch die Niederschrift seiner inneren Erfahrungen. Er verwendete hierfür ein in kostbares rotes in Leder gebundenes Buch. Auch wunderschöne Bilder malte er in dieses Buch, das er „das Rote Buch" nannte. Doch er betrachtete sowohl seine Bilder, als auch die seiner Patienten nie als Kunst, sondern immer nur als den Ausdruck inneren Erlebens. Jung schrieb hierzu später, „...daß es Dinge in der Seele gibt, die nicht ich mache, sondern die sich selber machen und ihr eigenes Leben haben."

Und er fügte hinzu: „Die Jahre, in denen ich den inneren Bildern nachging, waren die wichtigste Zeit meines Lebens, in der sich alles Wesentliche entschied. Damals begann es, und die späteren Einzelheiten sind nur Ergänzungen und Verdeutlichungen. Meine gesamte spätere Tätigkeit bestand darin, das auszuarbeiten, was in jenen Jahren aus dem Unbewussten aufgebrochen war und mich zunächst überflutete. Es war der Urstoff für ein Lebenswerk."

Dies ist ein in der Tat wichtiges Geschehen im Leben, wenn durch viel Zeit und Raum, den Jung sich selbst schenkte, sich ihm innere Erkenntnisse offenbarten, die sowohl sein eigenes Leben, als auch sein gesamtes wissenschaftliches Werk von Grund auf gestalteten. Er versuchte, es „...in die Weltanschauung meiner Zeit einzubauen. Es hat mich sozusagen fünfundvierzig Jahre gekostet, um die Dinge, die ich damals erlebte und niederschrieb, in dem Gefäß meines wissenschaftlichen Werkes einzufangen."

Diesen Sachverhalt drückte er auch noch mit folgenden Worten aus: „Die Erkenntnisse, um die es mir ging, waren in der Wissenschaft jener Tage noch nicht anzutreffen. Ich musste selber die Urerfahrung machen und musste überdies versuchen, das Erfahrene auf den Boden der Wirklichkeit zu stellen."

Der Inhalt des Roten Buches bestand aus einer philosophischen Märchenerzählung, die fernöstliche und abendländisch-alchimistische Erkenntnisse und Aussagen miteinander verband. Die Bilder hatten größtenteils den Charakter von *Mandalas*. Während der langen Arbeit an seinem Buch der inneren Erfahrungen stellte er sich immer wieder die Frage:

„Wohin führte der Prozess, in dem ich stehe? Wo liegt sein Ziel?"

„Erst als ich die Mandalas zu malen anfing, sah ich, daß alles, alle Wege, die ich ging, und alle Schritte, die ich tat, wieder zu einem Punkte zurückführten, nämlich zur Mitte. Es wurde mir immer deutlicher: Das Mandala ist das Zentrum. Es ist der Ausdruck für alle Wege. Es ist der Weg zur Mitte, zur Individuation."

Jung erinnert sich an die Entstehung eines Mandala-Bildes, das er einem Traum verdankte: „Während alles von Regen, Nebel, Rauch und spärlich erhellter Nacht bedeckt war, erstrahlte die kleine Insel im Sonnenlicht. Dort wuchs ein einzelner Baum, eine Magnolie, übergossen mit rötlichen Blüten. Es war, als ob der Baum im Sonnenlicht stünde und zugleich selber Licht wäre. Meine Gefährten sahen offenbar den Baum nicht. Ich war von der Schönheit des blühenden Baumes und der sonnenbestrahlten Insel hingerissen."

Dann schildert er die Entstehung eines weiteren Mandalas, das einen Wendepunkt in seinem Leben bedeutete:

„Als ich dieses Bild malte, welches das goldene wohlbewehrte Schloss zeigt, sandte mir Richard Wilhelm in Frankfurt den chinesischen, tausend Jahre alten Text vom gelben Schloss, dem Keim des unsterblichen Körpers. Ich habe das Manuskript sofort verschlungen, denn der Text brachte mir eine ungeahnte Bestätigung meiner Gedanken über das Mandala und die Umkreisung der Mitte. Das war das erste Ereignis, das meine Einsamkeit durchbrach. Dort fühlte ich Verwandtes, und dort konnte ich anknüpfen."

Auch Richard Wilhelm, der große China-Forscher und Sinologe, zeigte sich sehr berührt und schrieb in einem Aufsatz in der Neuen Zürcher Zeitung:

„Zwischen Jung und der Weisheit des Fernen Ostens bestehen keine zufälligen Übereinstimmungen, sondern eine tiefgehende Gemeinsamkeit der innersten Lebensauffassung. Und so ist es kein Zufall, daß ich von China kommend und ganz erfüllt von ältester chinesischer Weisheit, in Dr. Jung einen Europäer fand, mit dem ich von diesen Dingen sprechen konnte als mit jemand, mit dem mich eine gemeinsame Basis verband.

Dafür stellt sich folgende Erklärungsmöglichkeit:

Sowohl die chinesische Weisheit wie Dr. Jung sind unabhängig voneinander in die Tiefen der menschlichen Kollektivpsyche hinabgestiegen und sind dort Wesenheiten begegnet, die deswegen so ähnlich aussehen, weil sie eben beide in Wahrheit vorhanden sind. Das würde beweisen, daß die Wahrheit von jedem Standpunkt aus erreichbar ist, wenn man nur tief genug gräbt, und die Übereinstimmung des Schweizer Forschers mit den alten chinesischen Weisen würde dann nur zeigen, daß beide recht haben."

Jung äußerte sich über die freundschaftliche Beziehung zu Richard Wilhelm stets sehr wohlwollend und erinnert sich:

„Richard Wilhelm lernte ich bei einer Tagung der ‚Schule der Weisheit' in Darmstadt beim Grafen Keyserling kennen. Schon bevor ich ihn kennen lernte, hatte ich mich mit östlicher Philosophie beschäftigt...".

Es ist wohl so, daß Jung außerordentlich begabt war, innere Visionen zu erleben, die ihm viel Aufschluss über sein eigenes Leben, als auch über die Beschaffenheit der Psyche allgemein gaben. Sehr eindrücklich sind in diesem Zusammenhang die Visionen, die auftraten, als er einen Herzinfarkt erlitt und sich in Todesnähe befand. Jung erzählt hierüber folgendes:

„Ich war an der äußersten Grenze und weiß nicht, befand ich mich in einem Traum oder in Ekstase. Jedenfalls begannen sich höchst eindrucksvolle Dinge für mich abzuspielen. Es schien mir, als befände ich mich hoch oben im Weltraum. Weit unter mir sah ich die Erdkugel in herrlich blaues Licht getaucht. Ich sah das tiefblaue Meer und die Kontinente."

Er beschreibt nun genau, welche Meere, Kontinente und Landschaften er deutlich erkennen konnte und fährt dann fort:

„Später habe ich mich erkundigt, wie hoch im Raume man sich befinden müsse, um einen Blick von solcher Weite zu haben. Es sind etwa 1500 km! Der Anblick der Erde aus dieser Höhe war das Herrlichste und Zauberhafteste, was ich je erlebt hatte."

Astronauten berichten sehr Ähnliches. Jung war aber klar:

„Ich wusste, daß ich im Begriff war, von der Erde wegzugehen."

Auch zu dem grundlegenden Gefühl, das er während der Vision hatte, äußerte sich Jung: „Es gab nichts mehr, das ich verlangte oder wünschte; Ich war das, was ich gelebt hatte. - Alles schien vergangen. - Es gab kein Bedauern mehr, daß etwas weggefallen oder fortgenommen war. Im Gegenteil: Ich hatte alles, was ich war, und ich hatte nur das."

Diese oder ähnliche Visionen hatte er ungefähr drei Wochen lang, u. a. schildert er noch folgende Eindrücke: „Ich befand mich wie in einer Ekstase oder in einem Zustand größter Seligkeit. Ich fühlte mich, als ob ich im Weltraum schwebte, als ob ich im Schoß des Weltalls geborgen wäre - in einer ungeheuren Leere, aber erfüllt von größtmöglichem Glücksgefühl. - Das ist die ewige Seligkeit, das kann man gar nicht beschreiben, es ist viel zu wunderbar!"

Es bereitete ihm oft die größte Mühe, wieder am Morgen in die Welt zurückzukehren: „Denn die inneren Zustände waren so phantastisch, daß im Vergleich zu ihnen diese Welt geradezu lächerlich erschien."

Er hatte zeit seines weiteren Lebens ein bleibendes Andenken an diese Visionen und an die in ihnen gemachten Erfahrungen:

„Im Grunde genommen bin ich seither (...) nie mehr ganz von dem Eindruck losgekommen, daß das ‚Leben' ein Existenzausschnitt sei...".

Er ergänzte sein Erleben mit folgenden Worten: „Man scheut sich vor dem Ausdruck ‚ewig', aber ich kann das Erleben nur als Seligkeit eines ʻnicht-zeitlichenʼ Zustandes umschreiben, in welchem Gegenwart, Vergangenheit und Zukunft eines sind. Alles, was in der Zeit geschieht, war dort in eine objektive Ganzheit zusammen gefasst."

Er gewann aus der Krankheit und ihren Ergebnissen in Form dieser Visionen und inneren Erfahrungen „... ein Ja-Sagen zum Sein - ein unbedingtes Ja zu dem, was ist, ohne subjektive Einwände. „...denn auf diese Weise ist ein Ich da, das auch dann nicht versagt, wenn Unbegreifliches geschieht (...), denn die eigene Kontinuität hat dem Strom des Lebens und der Zeit standgehalten."

Jung war sich darüber im klaren, daß es für die meisten Menschen schwer sein würde, diese seine Eindrücke aufzunehmen: „Der mythische Mensch verlangt zwar ein „Darüber-Hinausgehen", aber der wissenschaftlich verantwortliche Mensch kann es nicht zulassen."

Natürlich machte er sich dann über den Tod, bzw. über ein eventuelles Leben danach, seine Gedanken: „Wenn wir annehmen, daß es ‚dort' weitergeht, so können wir uns keine andere Existenz denken, als eine psychische; denn das Leben der Psyche bedarf keines Raumes und keiner Zeit." Und er verdeutlicht es mit den Worten:

„Der Grad von Bewusstheit, der irgendwo schon erreicht ist, bildet, wie mir scheinen will, die obere Grenze dessen, was auch die Toten an Erkenntnis erreichen können. Darum ist wohl das irdische Leben von so großer Bedeutung und das, was ein Mensch beim Sterben „hinüberbringt", so wichtig."

Wenn aber die Psyche das Gefühl und die Erkenntnis hat, daß sie in einem Erdenleben noch bestimmte Dinge zu erledigen hat, so kehrt sie wieder zurück: „In meinem Fall muß es in erster Linie ein leidenschaftlicher Drang zu verstehen gewesen sein, welcher meine Geburt bewirkt hat. Denn er ist das stärkste Element in meinem Wesen."

Dennoch ist Jung überaus vorsichtig mit seinen Aussagen, denn es ist eine persönliche Erfahrung, die nicht der Allgemeinheit zugänglich gemacht werden kann.

„Wir sind keineswegs in der Lage, beweisen zu können, daß etwas von uns ewig erhalten bleibt. Wir können höchstens sagen, es bestehe eine gewisse Wahrscheinlichkeit, daß etwas von unserer Psyche über den physischen Tod hinaus weiter existiere."

Eine weitere wichtige innere Erfahrung aus dieser Zeit vertraut Jung uns an:

„Wenn man versteht und fühlt, daß man schon in diesem Leben an das Grenzenlose angeschlossen ist, ändern sich Wünsche und Einstellung. Letzten Endes gilt man nur wegen des Wesentlichen, und wenn man das nicht hat, ist das Leben vertan. Auch in der Beziehung zum andern Menschen ist es entscheidend, ob sich das Grenzenlose in ihr ausdrückt oder nicht."

Über seine Fähigkeit, innere Visionen so deutlich wahrnehmen zu können, sagt er:

„Wenn man sagt, ich sei weise oder `ein Wissender´, so kann ich das nicht akzeptieren. Es hat einmal einer einen Hut voll Wasser aus einem Strom geschöpft. Was bedeutet das schon? Ich bin nicht dieser Strom. - Ich nehme die Vorgänge des Hintergrundes einigermaßen wahr, und darum habe ich die innere Sicherheit. Wer nichts sieht, hat auch keine Sicherheit und kann keine Schlüsse ziehen, oder traut den eigenen Schlüssen nicht. Ich weiß nicht, was es ausgelöst hat, daß ich den Strom des Lebens wahrnehmen kann."

Abschließendes über sein Leben sagt er mit den Worten:

„Ich habe Wunderbares von Menschen erfahren und habe selber mehr geleistet, als ich von mir erwartete. Ich kann mir kein endgültiges Urteil bilden, weil das Phänomen Leben und das Phänomen Mensch zu groß sind. ... und es ist mir, als ob ich getragen würde. Ich existiere auf der Grundlage von etwas, das ich nicht kenne."

Er bezieht sich dann auf Lao Tse, dem er sich verbunden fühlt:

„Lao Tse ist das Beispiel für einen Mann mit superiorer Einsicht, der Wert und Unwert gesehen und erfahren hat, und der am Ende des Lebens in sein eigenes Sein zurückkehren möchte, in den ewigen unerkennbaren Sinn. Der Archetypus des alten Menschen, der genug gesehen hat, ist ewig wahr. (...) So ist das Alter - also eine Beschränkung. Und doch gibt es so viel, was mich erfüllt: die Pflanzen, die Tiere, die Wolken, Tag und Nacht und das Ewige in den Menschen."

Und an anderer Stelle bekennt er: „Ich betreibe keine Philosophie, sondern denke bloß im Rahmen der mir auferlegten speziellen Aufgabe, ein rechter Seelenarzt zu sein. So habe ich mich vorgefunden, und so funktioniere ich als ein Glied der menschlichen Gesellschaft."

Über die Gotteserfahrung sagt er:

„Ich weiß z. B. nicht, wie Gott, losgelöst von der menschlichen Erfahrung, je erfahren werden könnte. Wenn ich ihn nicht erfahre, wie kann ich dann sagen, daß er sei? Meine Erfahrung ist aber sehr eng und klein, und so ist auch das Erfahrene trotz der bedrückenden Ahnung der Unermesslichkeit klein und menschenähnlich, was man am besten sieht, wenn man es auszudrücken versucht."

An seinem Roten Buch hatte Jung insgesamt sechzehn Jahre lang gearbeitet, in ihm hatte er *die überwältigende Kraft der ursprünglichen Erlebnisse* auffangen können: „Ich wusste immer, daß jene Erlebnisse Kostbares enthielten, und darum wusste ich nichts Besseres, als sie in ein ‚kostbares', d. h. teures Buch zu schreiben und die beim Wiedererleben auftretenden Bilder zu malen - so gut dies eben ging."

„Obschon man es sich nicht kann träumen lassen, das Geheimnis der Seele je auszuschöpfen, so scheint es mir doch zu den vornehmsten Aufgaben des menschlichen Geistes zu gehören, unermüdlich um eine stets sich vertiefende Erkenntnis des seelischen Wesens sich zu bemühen. Denn das größte und zugleich allernächste Welträtsel ist der Mensch selber."

In Bezug auf die Einstellung in unserem jetzigen Zeitalter führt er aus: „Wären wir uns des Zeitgeistes bewußt, so wüssten wir, daß wir die Neigung haben, vorzugsweise aus dem Physischen zu erklären…". Hier ist auf jeden Fall die Vorgehensweise der modernen Medizin treffend charakterisiert.

Er ergänzt diese Sichtweise mit folgenden Worten:

„Man hat dieser Anschauung der Seele schon vorgeworfen, sie mache alles Seelische zu einer Art Drüsenabsonderung - Gedanken als Gehirnsekret - und das sei eben eine Psychologie ohne Seele."

Eine weitere Problematik der heutigen Psychologie ist folgende:

„Es gibt nämlich nicht ‚*eine*' moderne Psychologie, sondern viele. Das ist doch sonderbar, weil es doch nur eine Mathematik, eine Geologie, eine Zoologie, eine Botanik und so weiter gibt."

„Es gibt so viele Psychologien, daß eine amerikanische Universität jährlich einen dicken Band publizieren kann, der sich betitelt *Psychologies of 1930* und so weiter. Ich glaube, es gibt so viele Psychologien wie Philosophien."

Und so ist es auch gar nicht verwunderlich, daß Jung zu diesem Zeitpunkt längst festgestellt hat, daß der Schöpfer einer „neuen" Psychologie und seine von ihm begründete Lehre aufs engste zusammenhängen. Und deshalb kann er auch über Freud sagen: „Freud steht auf historischen Vorbedingungen, welche eine Erscheinung wie ihn geradezu notwendig machten, und zwar ist es sein Hauptgedanke, nämlich die Lehre von der ‚Verdrängung der Sexualität', welche am deutlichsten kulturhistorisch bedingt ist."

Zur weiteren Verdeutlichung ist noch hinzuzufügen: „Das viktorianische Zeitalter der Verdrängung, war ein krampfhafter Versuch, anämische Ideale im Rahmen bürgerlicher Wohlanständigkeit durch Moralismus künstlich am Leben zu erhalten."

So findet er sehr anerkennende Worte für
den Schöpfer der Psychoanalyse Sigmund Freud:

„Insofern bedeutet die Methode einen wertvollen, ja unerlässlichen Zuwachs an praktischer Erkenntnis, welche die Erforschung der Neurosenpsychologie aufs nachhaltigste gefördert hat. Man verdankt es der kühnen Einseitigkeit Freuds, daß die Medizin jetzt in der Lage ist, die Neurosenfälle individuell zu behandeln, und daß die Wissenschaft mit einer Methode bereichert ist, welche es ihr erlaubt, die individuelle Seele als Forschungsobjekt zu bearbeiten. Vor Freud gab es solches nur als Kuriosum.'"

In diesem Zusammenhang bemerkt er zum
Schöpfer der Individualpsychologie Alfred Adler:

„Adler reduziert zwar auch, aber nicht auf Lustprinzip, sondern auf Machttendenz, und zwar mit unleugbarem Erfolg. Diese Tatsache beleuchtet grell die Einseitigkeit der Freudschen Theorie. Die Adlers ist zwar auch eine Einseitigkeit; aber zusammen mit der Freudschen ergibt sich doch schon ein umfänglicheres und deutlicheres Bild des Ressentiments gegen den Geist des 19. Jahrhunderts. All der moderne Abfall von den Idealen der Väter spiegelt sich auch bei Adler wider."

Wie nun drückt C. G. Jung seine eigene psychologische Anschauung aus, die er *Analytische Psychologie* nennt und die eigentlich ‚Psychologie der Selbstfindung' heißen könnte?

Es geht ihm um die Entfaltung des ganzen Menschen:

„Denn in der Erreichung der Persönlichkeit liegt nichts Geringeres als die bestmögliche Entfaltung des Ganzen eines besonderen Einzelwesens. Es ist gar nicht abzusehen, was für eine unendliche Zahl von Bedingungen hierzu zu erfüllen sind.

Es ist ein ganzes Menschenleben mit allen seinen biologischen, sozialen und seelischen Aspekten hierzu nötig. Persönlichkeit ist höchste Verwirklichung der eingeborenen Eigenart des besonderen lebenden Wesens.

Persönlichkeit ist die Tat des höchsten Lebensmutes, der absoluten Bejahung des individuell Seienden und der erfolgreichsten Anpassung an das universal Gegebene bei größtmöglicher Freiheit der eigenen Entscheidung."

Es geht darum, den eigenen Weg zu finden, auch wenn dies mit einer gewissen Vereinsamung verbunden ist, wovor die meisten Menschen Angst haben.

Es geht Jung um „die Treue zum eigenen Gesetz".

„Die anderen Wege sind die Konventionen, moralischer, sozialer, politischer, philosophischer und religiöser Natur. Die Tatsache, daß die Konventionen immer in irgendeiner Art blühen, beweist, daß die erdrückende Mehrzahl der Menschen nicht den eigenen Weg, sondern die Konvention wählt...".

Es zieht also den ‚normalen' Menschen nicht unbedingt zu einer gezielten Persönlichkeitsentwicklung. Oft erst treiben besondere Umstände die Menschen in eine Sackgasse, aus der sie nur herauskönnen durch besondere innere Kraftanstrengung.

Dann kann es sein, daß ein Mensch in sich zum erstenmal eine deutliche innere Stimme hört, oft eher wie eine Empfindung, erst weniger deutlich, kaum wahrnehmbar, dann aber immer klarer.

Jung schreibt dazu:

„Es ist das, was man Bestimmung nennt; ein irrationaler Faktor, der schicksalhaft zur Emanzipation von der Herde und ihren ausgetretenen Wegen drängt. (...) Wer Bestimmung hat, hört die ‚Stimme des Innern', er ist bestimmt."

Dieser Vorgang kann spontan geschehen oder mit Hilfe der Psychotherapie: „In der praktischen Psychotherapie treten diese sonst so vagen (...) seelischen Tatsachen aus dem Dunkel ihrer Unbekanntheit hervor und nähern sich der Sichtbarkeit."

Jung führt aus, daß die Geburt der eigenen Persönlichkeit eine große heilende Wirkung auf das Individuum hat: „Die Stimme des Innern ist die Stimme eines volleren Lebens, eines weiteren, umfänglicheren Bewusstseins."

Es gehört zum Menschenbild von C. G. Jung, wenn er Phantasie und Imagination einen hohen Stellenwert einräumt, hat er sie doch in seinem eigenen Leben als tragend empfunden:

„Man weiß, daß noch jede gute Idee und jede Schöpfertat aus der Imagination hervorgegangen ist und ihren Anfang in dem nahm, was man als infantile Phantasie zu bezeichnen gewohnt ist.

Es ist nicht nur der Künstler, der alles Größte in seinem Leben der Phantasie verdankt, sondern überhaupt jeder schöpferische Mensch."

In diesem Zusammenhang bleibt ein wundervoller Ausspruch hinzuzufügen, wie Jung selbst in der Hingabe an sein inneres unbekanntes Wesen empfunden haben mag:

**„Nicht ich schaffe mich selbst,
ich geschehe vielmehr mir selber."**

C. G. Jung hatte aufgrund seines eigenen Individuationsprozesses auch einen großen Respekt, eine Ehrfurcht vor dem individuellen Seelenweg eines jeden Menschen.

So versuchte er auch, nie `eine Methode´ anzuwenden, sondern auf jeden Menschen in einmaliger Weise einzugehen und ihm vorsichtig und in gemeinsamer Arbeit behilflich zu sein, seinen ureigensten Weg mit der Zeit zu entdecken und zu entwickeln.

Er setzt sich mit Freud und Adler auseinander: Die Auffassungen dieser beiden Psychologen entsprechen einer ‚allgemein vorkommenden psychischen Grundtatsache' in der damaligen Gesellschaft.

Sowohl das verdrängte Sexuelle, als auch die sozialen Aspekte spielten eine wichtige Rolle: „Freud ist einer der Exponenten einer zeitgenössischen Tatsache ..."

„Der Beifall, den Adler, ähnlich wie Freud, diesseits und jenseits des Ozeans gefunden hat, weist auf die unleugbare Tatsache hin, daß das auf Minderwertigkeit gegründete Geltungsbedürfnis als wesentlicher Erklärungsgrund einer sehr großen Anzahl von Menschen einleuchtet."

Er fährt dann in seinem Gedankengang fort:

„Es wäre ein unverzeihlicher Irrtum, die Wahrheit dieser Auffassungen, der Freud´schen sowohl wie der Adler´schen, zu übersehen, aber ebenso unverzeihlich wäre es, die eine derselben für die alleinige Wahrheit zu halten."

Und er fügt hinzu: „Es wäre mir ja ohnehin nie eingefallen, meine Wege von denen Freuds zu trennen, wenn ich nicht an Tatsachen gestoßen wäre, die mich zu Modifikationen zwangen."

Es ist sehr wohltuend, daß Jung so aufrichtig seine Vorgänger und Mit-Forscher in dieser Weise würdigen kann. Mit der gleichen Bescheidenheit ergänzt er diese Ausführungen:

„Nach dem Ebengesagten brauche ich wohl kaum hervorzuheben, daß ich die Wahrheit meiner abweichenden `Auffassungen´ als ebenso relativ empfinde...".

Jung besann sich, um eine Möglichkeit zu finden, nach dem eigenen Weg zu forschen. Bei Jung selbst hatten sich immer durch Träume oder Visionen neue Möglichkeiten des Seins ergeben.

Viele Menschen nehmen sich aber nicht die Zeit, den Raum und die Ruhe, um dies für sich herauszufinden. Es ist auch in unserer aktivitätsbezogenen Gesellschaft nicht üblich, sich genug Raum zur Selbstbesinnung zu gönnen.

Bei seiner Bemühung, umfassende Gesichtspunkte seiner Psychotherapie aufzustellen, kam er auf folgende Einteilung:

Bekenntnis, Aufklärung, Erziehung und Verwandlung.

Zu dem ersten Begriff des Bekenntnisses kommt nun noch der Begriff der Katharsis hinzu, nach dem alten Weisheitsspruch der Antike, den Jung in diesem Zusammenhang erwähnt:

„Lass´ los von dir, was du hast, dann wirst du empfangen."

Diesen Spruch nun können wir leicht als Motto der ersten Stufe der psychotherapeutischen Problematik beigeben.

Die Anfänge der Psychoanalyse sind nämlich im Grunde nichts anderes als die wissenschaftliche Wiederentdeckung einer alten Wahrheit; selbst der Name, der der ersten Methode gegeben wurde, nämlich *Katharis = Reinigung*, ist ein geläufiger Begriff der antiken Einweihungen.

Der Klient bekommt also genug Raum, Zeit und Aufmerksamkeit, um zunächst einmal ganz genau das zu schildern, was er selbst weiß über die Ursache seiner Symptome. Hierzu gehören alle Lebensumstände, seelisch wichtige Ereignisse, Krisen, Schicksalsschläge, Trennungen und so weiter. Es kann also mitgeteilt werden, was der Klient alles an Zusammenhängen selbst zusammentragen kann, wobei genaue Fragen und Nachforschung des Therapeuten hierbei sehr hilfreich sein kann.

Schon das ‚in Ruhe Aussprechen' vor einem freundlichen, geduldigen und aufmerksam interessierten Zuhörer, ist eine enorme Hilfe und löst viel Spannung und Verkrampfung.

Um noch mehr an die Dinge heranzukommen, die der Patient nicht weiß, die aber dennoch oder gerade mit der Symptombildung zusammenhängen, ist noch eine weitere Technik oder Methode erforderlich.

Freud hat sie die *freie Assoziation* bezeichnet. Der Klient soll sich einfach entspannen und alles sagen, was ihm durch den Kopf geht, egal, ob er es für wichtig oder unwichtig hält oder gar für Unsinn.

Die nächste Phase ist die Aufklärung. Ein anderes Wort hierfür wäre `*die Deutung*´.

Der Klient äußert Einfälle oder Träume, die er selbst nicht versteht. Der Therapeut befindet sich ebenfalls in einem entspannten Zustand, in einer ‚freischwebenden Aufmerksamkeit' und deutet dem Klienten seine eigenen Einfälle.

Es kommt ein anderes Phänomen hinzu, das Freud `*Übertragung*´ genannt hat. Dies bedeutet, daß der Patient bestimmte Gefühle, positive wie negative, auf den Therapeuten „überträgt".

Auch diese Gefühle nimmt der Therapeut wahr und „deutet" sie. Nach einer Phase der ‚Durcharbeitung' kann der Klient auch diese in sein Bewusstsein integrieren. Wo `Es´ war, ist `Ich´ geworden, so hat Freud es formuliert.

Insofern arbeitet Carl Gustav Jung zunächst ganz im Sinne seines Lehrers Sigmund Freud.

Freuds Deutungsmethode hebt die Tatsache hervor, „daß die menschliche Natur auch eine dunkle Seite hat, und nicht nur der Mensch, sondern auch seine Werke, seine Institutionen und Überzeugungen."

Diese `dunkle Seite´ nennt Jung den „Schatten". Dieser Schatten ist aber nicht das ‚Böse' im Menschen, sondern sind oft nur unterdrückte Affekte.

So konnte der Mensch in seiner Kindheit nicht sagen und tun, was er wirklich wollte, aus Angst vor Strafe oder Liebesentzug. Und all´ diese ungesagten und ungelebten Dinge in ihm bringen dann auch die Symptome hervor, die in einem so entstellten Sinn genau die verdrängten Gefühle und unterdrückten Handlungen zum Ausdruck bringen.

Hier schließt die nächste Etappe der Psychotherapie an, die Jung mit ‚Erziehung' bezeichnet hat, wohl auch deswegen, weil Alfred Adler in seiner sozial betonten Therapie den Aspekt der Erziehung besonders betonte.

Es ist der entscheidende Punkt in der Therapie, von dem aus Jung seinen Freud´schen Blickwinkel verlässt und sich stattdessen der adlerianischen Sichtweise zuwendet:

„Hier ist im Aufklärungssystem eine fühlbare Lücke, in die Freuds ehemaliger Schüler Adler getreten ist. Er hat überzeugend nachgewiesen, daß zahlreiche Neurosenfälle viel besser und befriedigender aus dem Machttrieb erklärt werden können, als aus dem Lustprinzip.

Die Absicht seiner Deutung ist daher, dem Patienten zu zeigen, wie er zum Erreichen einer fiktiven Geltung Symptome arrangiert.

...und seine Neurose ausnützt.

Wie selbst auch seine Übertragung (die des Patienten, d. V.) und seine sonstigen Fixierungen der Machtabsicht dienen und insofern einen ‚Männlichen Protest' (Fachausdruck Adlers, d. V.) gegen eingebildete (oder reale) Unterdrückungen darstellen."

Es gilt, in dieser Phase seine soziale `Gangart´ zu verdeutlichen und ihn zu gewissen sozialen Geschicklichkeiten und Fähigkeiten hinzuführen. Insoweit arbeitet C. G. Jung also durchaus noch im Sinne seiner Vorläufer Freud und Adler.

Aber wie kommt in der folgenden Stufe der Verwandlung und Entwicklung die eigene Persönlichkeit Jungs zum Tragen. Und was bedeutet dies?

Zunächst führt er an, daß in einer derart engen und vertrauten Beziehung, in diesem über lange Zeit geführten Dialog, sich eigentlich beide verwandeln, Klient und Therapeut.

<u>Damit diese Verwandlung auf ein höheres psychisches Niveau führt, muß der Therapeut selbst ein gereifter Mensch sein.</u>

Nur so kann es auch gelingen, daß der Klient aus der Abhängigkeit zum Therapeuten herauswächst und die Analyse zu einer lebenslangen Selbstanalyse wird.

Neben dem positiven Einfluß des Therapeuten führt Jung dann noch eine weitere Methode an. Es geht ihm um eine methodische *Entwicklung der Seele und ihrer Funktionen*.

Hier geht Jung mit seiner eigenen Art, Lebensprobleme zu lösen, an den Patienten heran:

„Ich weiß nur eins, daß, wenn mein Bewusstsein keinen gangbaren Weg mehr vor sich sieht und darum stecken bleibt, meine unbewusste Seele auf den unerträglichen Stillstand reagieren wird."

Wie hat nun Jung reagiert? Wie wir aus seiner Biographie wissen, hat er seine Träume und Visionen aufgeschrieben und gemalt. Mit eben diesem Anliegen geht er nun auch auf seinen Klienten zu. Er richtet sein Hauptaugenmerk zunächst auf die Träume.

Er versucht, einen noch verborgenen Weg des Klienten „in den Träumen zu finden, denn diese geben doch Imaginationen, sie deuten doch irgendetwas an, was wenigstens mehr ist, als nichts".

Er fügt dann hinzu, „daß fast in der Regel etwas dabei herauskommt, wenn man lange und gründlich genug einen Traum recht eigentlich meditiert, daß heißt mit sich herumträgt."

Es geschieht dann häufig, daß der Traum und die gemeinsame Bemühung um ihn dann nach einer gewissen Zeit dem „Patienten etwas sagt und seinem Leben Strömung verleiht".

Der Traum teilt ihm nach gründlicher Auseinandersetzung dann mit, „... wohin der unbewusste Weg zielt."

Doch es ist eine gemeinsame Arbeit von Patient und Therapeut: „Ich gebe nämlich nicht nur dem Patienten Gelegenheit, sich etwas zu seinen Träumen einfallen zu lassen, sondern auch mir. Ich gebe ihm meine Einfälle und Meinungen."

Es geht Jung darum, das profane Alltagsleben des Menschen auf eine bedeutungsvollere und erfüllendere Ebene zu heben, ohne die die Seele seiner Ansicht nach nicht gesunden kann.

So gilt es für den Klienten, noch eine weitere Stufe zu erklimmen, denn es ist von großer Wichtigkeit, auch die „…irrationale Sphäre des Lebens und Erlebens betreten zu können. Dadurch verändert sich auch der Aspekt des Gewöhnlichen und Alltäglichen, dem diese Veränderung sogar einen neuen Schimmer verleihen kann."

In diesem Zusammenhang fügt er hinzu:

„Kleinstes mit Sinn ist immer lebenswerter als Größtes ohne Sinn."

Jung möchte dem Klienten so helfen, sein eigenes Leben wertvoller, bedeutungsvoller und sinnvoller zu erleben und zu leben.

Hierbei hilft das freie, spontane und unbekümmerte Umgehen mit der Phantasie:

„Ich denke nämlich nicht gering von der Phantasie. Sie ist mir in letzter Linie die mütterliche Schöpferkraft des männlichen Geistes.

Alles Menschenwerk entstammt der schöpferischen Phantasie.

Wie sollten wir da von der Einbildungskraft gering denken dürfen?

Auch geht Phantasie normalerweise nicht in die Irre, dazu ist sie zu tief mit dem Grundstock menschlicher und tierischer Instinkte verbunden.

Die schöpferische Betätigung der Einbildungskraft entreißt den Menschen seiner Gebundenheit im „Nichts – als" und erhebt ihn in den Zustand des Spielenden.

Und der Mensch ist, wie Schiller sagt, nur ganz Mensch, wo er spielt".

Diese Beschäftigung mit seinem Inneren, seinen Phantasien und Visionen bringen den Klienten in ein anderes Gestimmt - Sein:

„Die Wirkung, auf die ich hinziele, ist die Hervorbringung eines seelischen Zustandes, in welchem mein Patient anfängt, mit seinem Wesen zu experimentieren, wo nichts mehr für immer gegeben und hoffnungslos versteinert ist, eines seelischen Zustandes der Flüssigkeit, der Veränderung und des Werdens."

Es hat sich, unter dem Eindruck der eigenen Individuationserfahrung von Jung, jedoch noch eine weitere Technik ergeben, die die verbale Beschäftigung mit dem Traum erweitert.

Jung regt seine Patienten zu einem bestimmten Zeitpunkt an, den Traum oder die Phantasie zu malen. Zu der verbalen Auseinandersetzung mit dem Traum in der Psychotherapie fügt Jung an:

„Um zum Problem meiner Technik zurückzukehren, frage ich mich, inwieweit ich Freuds Autorität für ihr Zustandekommen in Anspruch nehmen darf. Jedenfalls habe ich sie von Freuds Methode des freien Assoziierens gelernt, und ich betrachte meine Technik als eine direkte Weiterbildung derselben."

Jungs Auffassung zufolge verbleibt der Klient jedoch auf diese Weise in einer gewissen unselbständigen Haltung stecken, und zwar in zweierlei Hinsicht:

„Er hängt zunächst von seinen Träumen ab und von der Frage, ob ihm der Traum ein neues Licht gebe oder nicht. Sodann hängt er davon ab, ob ich Einfälle habe und ihm durch mein Wissen weitere Einsichten vermitteln könne."

Interessant in diesem Zusammenhang ist hier folgendes:

Mitunter sagten Klienten von sich aus, daß sie - wenn sie ein Maler wären - diesen Traum am liebsten malen würden.

Jung klärt sie dann auf, daß es sich nicht um Kunst handelt, sondern um Ausdruck des inneren Bildes. Jung berichtet in diesem Zusammenhang von einer Porträtmalerin, die mit ihrer gewohnten Art zu malen gar nicht das Wesentliche des inneren Bildes einfangen konnte. Sie musste dann beginnen, „...nach meiner Art zu malen; wörtlich so, wie wenn sie noch nie einen Pinsel in der Hand gehabt hätte. Von außen malen ist eben eine andere Kunst, als von innen nach außen."

Zur weiteren Erklärung ergänzt er:

„Es handelt sich nicht um Kunst, vielmehr, es soll sich nicht um Kunst handeln, sondern um mehr und anderes als bloß Kunst, nämlich um lebendige Wirkung auf den Patienten selber. Was der soziale Standpunkt als das Geringste bewertet, steht hier am höchsten, nämlich der Sinn des individuellen Lebens, um dessentwillen sich der Patient bemüht, Unaussprechliches in kindlich unbeholfene, sichtbare Form zu übersetzen."

Durch diesen Akt des Malens auf diese Weise entsteht etwas ganz Neues für den Patienten.

Jung charakterisiert diesen Prozess:

„Warum aber veranlasse ich überhaupt die Patienten, sich in einem gewissen Entwicklungsstadium durch Pinsel, Stift oder Feder auszudrücken? Hier nun geht er in die Aktivität über.

Zunächst stellt er passiv Geschautes dar, er lässt es dadurch zu seiner eigenen Tat werden."

„Er spricht nicht nur davon, sondern er tut es auch. Überdies zwingt die materielle Gestaltung des Bildes zu einer anhaltenden Betrachtung desselben in allen Teilen, so daß es dadurch seine Wirkung völlig entfalten kann. Dadurch kommt in die bloße Phantasie ein Moment der Wirklichkeit hinein...

Und es gehen nun auch Wirkungen von diesen selbstgefertigten Bildern aus ...

Damit ist etwas Unschätzbares gewonnen, nämlich der Ansatz zur Unabhängigkeit, ein Übergang zum psychologischen Erwachsen-Sein. Er hängt jetzt nicht mehr von seinen Träumen ab und nicht mehr vom Wissen des Arztes, sondern, indem er sich selber malt, kann er sich selber gestalten."

In diesem Ernstnehmen der im Innern des Menschen wirkenden Kräfte hat Jung etwas ungeheuer Großes geschaffen. Das, was bisher immer nur, und zwar unbewusst, Dichtern und Künstlern möglich war, soll und kann nun vielen Menschen zugänglich gemacht werden.

Der Weg zum eigenen noch unbewussten Selbst kann so freigeschaufelt werden - zunächst mit der Hilfe des Therapeuten, dann allein und ohne fremde Hilfe.

Der Weg zum noch Unbewussten wird frei. Der Weg zum eigenen individuellen Sinn wird möglich, über alle gesellschaftlich vorgegebenen Rollen hinaus.

Erst so kann wirkliche Gesundheit erreicht werden, kann die echte, die eigentliche Kreativität freigesetzt werden.

Jung erläutert diese Zusammenhänge mit folgenden Worten:

„Denn was er malt, sind wirkende Phantasien, es ist das, was in ihm wirkt. Und was in ihm wirkt, das ist er selbst, aber nicht mehr im Sinne des früheren Missverständnisses, wo er sein persönliches Ich für sein Selbst hielt, sondern in einem neuen, ihm bisher fremden Sinne, wo sein Ich als Objekt des in ihm Wirkenden erscheint."

Jung ist so im Bereich der Tiefenpsychologie als der eigentliche Entdecker und Würdiger des Selbst zu bezeichnen, das er als die *tiefste Grundlage unserer Seele* benennt.

Für den Klienten ist diese Erfahrung etwas Revolutionäres. Sein ganzes Sein verändert sich, seine Gestimmtheit, auch sein Sinnempfinden.

Das ist die Verwandlung, als die Jung seine vierte Stufe der Psychotherapie bezeichnete. Es ist auch die Stufe, die der Therapeut selbst erklommen haben muß, will er ansteckend und inspirierend wirken und Mut machen, diesen inneren Weg zu wagen.

Jung schildert dieses Geschehen in folgendem Kommentar:

„Ich kann unmöglich schildern, welche Veränderungen der Standpunkte und Werte, welche Verschiebungen des Gravitationszentrums der Persönlichkeit dadurch zustande kommen.

Es ist, wie wenn die Erde die Sonne als das Zentrum der Planetenbahnen und ihrer eigenen Bahn entdecke hätte."

Immer ist der Mensch wie die Erde um die Sonne um andere Menschen, Ideen, Ideale, Institutionen usw. gekreist und hat seine eigene innere Führung nicht gespürt.

Daher war er immer verführbar für alle möglichen Zwecke, wenn ihm dies nur „das begehrte Sonnenlicht" in Form von fremder Anerkennung und Lob gebracht hat.

Für alle Verbrechen, alle Kriege und Gemeinheiten war er auszubeuten. So lief auch bisher die Erziehung zur Anpassung in den meisten Gesellschaften. Jung drückt es so aus:

„Wenn er nicht gerade ein Genie ist, so darf er gar nicht an etwas in ihm Wirkendes (...) glauben. Er muß sich als Willenswesen fühlen (...), denn ohne diese Illusion gelänge ihm die soziale Anpassung nicht."

Damit ist es endlich möglich, daß der Mensch seinen Weg, der immer individuell ist und sein muß, finden darf. Doch dabei ist er selbst kein Gegensatz zur Gemeinschaft, höchstens zu einer lebensfeindlichen, gewalttätigen Gemeinschaft, denn ein Mensch, der sich selbst gefunden hat, kann für die Gemeinschaft erst richtig wirken:

„Denn ein innerlich fester und sich selber vertrauender Mensch wird seinen sozialen Aufgaben besser gewachsen sein als einer, der mit seinem Unbewussten auf schlechtem Fuße steht."

<u>Die Tiefenpsychologie ist unter anderem
eine wirkungsvolle Methode, „....dem Menschen
die Kunst des Sehens beizubringen."</u>

Denn: „Der Mensch ist es wert, daß er sich um sich selbst bekümmere, und er hat in seiner Seele, woraus etwas werden kann. Es lohnt sich, geduldig zu beobachten, was in der Seele im Stillen geschieht, und es geschieht das Meiste und Beste, wenn es nicht von außen und oben hineinreglementiert wird."

Dies ist wirklich ein ungewöhnliches, bemerkenswertes Menschenbild, das Jung hier postuliert. Im Gegensatz zu den Gesellschaften und Institutionen ist hier ein Mensch gezeichnet, der sich selbst und auch dem Mitmenschen zum Besten verhelfen möchte, nämlich zur Selbstwerdung.

Jung hat Vertrauen zum Menschen, wenn man ihm die Wachstumsbedingungen gibt. Und erst aus der Selbstwerdung kann der Mensch eine wirkungsvolle Gemeinschaftsleistung erbringen.

<u>Aus der Unterdrückung und Verdrängung des Individuellen im Menschen entsteht, wie die Tiefenpsychologie weiß, seelische Krankheit, Gewaltbereitschaft, Kriminalität usw.</u>

Zur Traumdeutung, die in der Psychotherapie C. G. Jungs eine wichtige Rolle spielt, bemerkt er:

„Wenn wir einen Traum richtig deuten wollen, so bedürfen wir einer gründlichen Kenntnis der momentanen Bewusstseinslage, denn der Traum enthält deren unbewusste Ergänzung, nämlich das Material, das durch die momentane Bewusstseinslage im Unbewussten ist."

Er ergänzt: „Die ganze Traumschöpfung ist im wesentlichen subjektiv, und der Traum ist jenes Theater, wo der Träumer Szene, Spieler, Souffleur, Regisseur, Autor, Publikum und Kritiker ist."

Wieviel Respekt und Ehrfurcht er vor jeder einzelnen Seele hat, kommt auch in dem folgenden Zitat zum Ausdruck:

„Im Grunde genommen kommt es sehr wenig darauf an, ob der Arzt versteht; alles aber hängt davon ab, ob der Patient versteht."

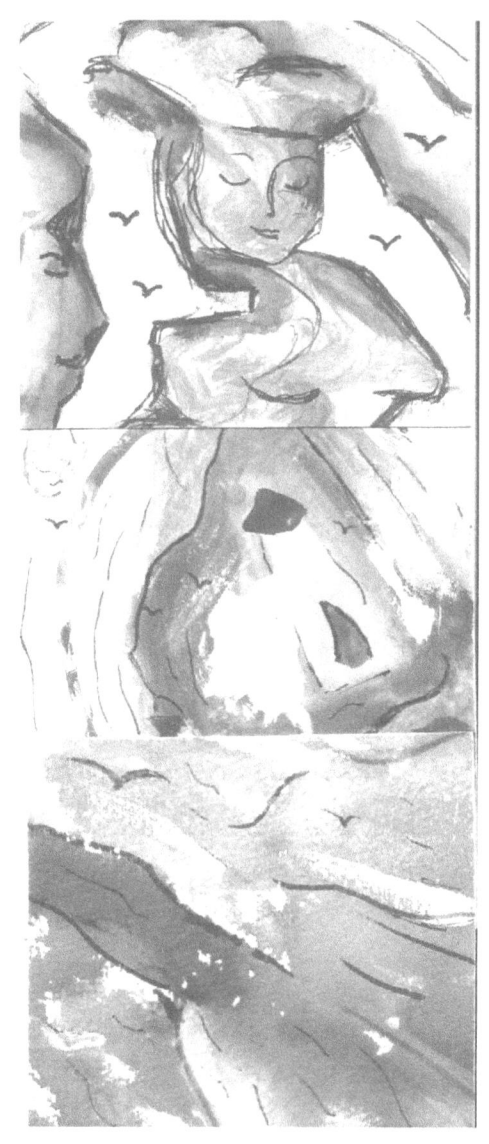

„Der Patient muß nämlich nicht von einer Wahrheit belehrt werden - so wendet man sich nur an seinen Kopf - , sondern er muß sich vielmehr zu dieser Wahrheit entwickeln - und so erreicht man sein Herz, was tiefer ergreift und stärker wirkt."

Abschließend zum Thema des Traumes in der Psychotherapie noch diese Aussage Jungs:

„Die Beschäftigung mit den Träumen ist eine Art von Selbstbesinnung. Man besinnt sich wohl auf das Selbst, aber nicht auf das Ich, sondern auf jenes fremde Selbst, das uns ureigen, ja unser Stamm ist, aus dem das Ich einst wuchs. Es ist uns fremd, weil wir durch die Verirrung des Bewusstseins uns ihm entfremdeten."

Sehr Entscheidendes über das Wesen der seelischen Erkrankung teilt uns Jung mit:

„In der Neurose steckt in Wirklichkeit ein Stück noch unentwickelter Persönlichkeit, ein kostbares Stück Seele, ohne welches der Mensch zur Resignation, zur Bitterkeit und sonstigen Lebensfeindlichkeiten verdammt ist.

Die Neurosenpsychologie, die nur das Negative sieht, schüttet das Kind mit dem Bade aus, indem sie den Sinn und Wert der ‚infantilen‘, das heißt schöpferischen Phantasie vernachlässigt."

Eine weitere wichtige Einsicht, von der die gesamte Entwicklung der humanistischen Psychologie sehr beeinflusst wurde:

„<u>Wir wenden unseren Blick mehr und mehr</u>
<u>von der sichtbaren Krankheit weg und</u>
<u>richten ihn auf den ganzen Menschen.</u>"

„Denn wir haben eingesehen, daß gerade seelische Leiden nicht lokalisierte, eng begrenzte Phänomene sind, sondern an sich Symptome einer gewissen falschen Einstellung der Gesamtpersönlichkeit.

Eine gründliche Heilung kann deshalb nie von einer auf das Leiden selber beschränkten Behandlung, sondern nur von einer Behandlung der ganzen Persönlichkeit erhofft werden."

Eine Behandlung der ganzen Persönlichkeit kann wiederum nur von einer ebenfalls ‚ganzen' Persönlichkeit geleistet werden.

Dies bedeutet, daß die Methode an sich nicht das Entscheidende in der Psychotherapie ist, sondern die Persönlichkeit des Arztes ist von großer Bedeutung:

„Jeder Psychotherapeut hat nicht nur eine Methode: er selber ist sie. Der große Heilfaktor der Psychotherapie ist die Persönlichkeit des Arztes, die nicht a priori gegeben ist, sondern eine Höchstleistung darstellt...".

Schon früh hatte C. G. Jung ein starkes Interesse für die fernöstliche Philosophie entwickelt, besonders für die chinesische. Von Bedeutung ist daher auch sein Kommentar zu dem von seinem Freund Richard Wilhelm herausgegebenen Buch mit dem Titel „Das Geheimnis der goldenen Blüte":

„Er als Sinologe und ich als Arzt, wir beide hätten uns wohl nie berührt, wenn wir Spezialisten geblieben wären. Wir begegneten uns aber im Menschenlande, das jenseits der akademischen Grenzpfähle beginnt. Dort lag unser Berührungspunkt, dort sprang der Funke über, der jenes Licht, welches mir zu einem der bedeutsamsten Ereignisse meines Lebens werden sollte, entzündete."

„Um dieses Erlebnisses willen darf ich wohl von Wilhelm und seinem Werk sprechen, in dankbarer Ehrfurcht dieses Geistes gedenkend, der eine Brücke schuf zwischen Ost und West und dem Abendland das kostbare Erbe einer vielleicht dem Untergang geweihten tausendjährigen Kultur vermachte."

„Der Fachgelehrte ist in der Regel ein bloß männlicher Geist, ein Intellekt, dem Befruchtung ein fremder und unnatürlicher Vorgang ist, darum ist er auch ein sonderbar ungeeignetes Werkzeug zur „Umgebärung" eines fremden Geistes.

Der größere Geist aber trägt die Merkmale des Weiblichen, ihm ist ein empfangender und gebärender Schoß gegeben, der Fremdes in bekannte Gestalt umzuschaffen vermag. Das seltene Charisma geistiger Mütterlichkeit war Wilhelm in vollem Maße zu eigen. Ihm verdankt er seine bisher unerreichte Einfühlung in den Geist des Ostens, die ihn zu seinen unvergleichlichen Übersetzungen befähigt."

Er fügt noch hinzu, daß Richard Wilhelm unter anderem auch der Schüler eines chinesischen Meisters alter Schule war und so als ein in die Psychologie des chinesischen Yoga Eingeweihter anzusehen ist. Anders hätte er dieses Verständnis für die chinesische Gedankenwelt wohl gar nicht aufbringen können.

So haben diese beiden erkannt, „...daß der Osten mit seinem Yoga uns vieles geben könnte `zur Heilung unserer geistigen Not´."

Dennoch spricht sich Jung immer wieder dagegen aus, unreflektiert die komplette Methodik fernöstlichen Yogas zu übernehmen, da der abendländische Mensch gar nicht die inneren Voraussetzungen dafür mitbringt.

Der fernöstliche Yoga kann nur Anregung sein und Inspiration. Jung führt hierzu aus:

„Wir müssen vielmehr lernen zu erwerben, um zu besitzen. Was der Osten uns zu geben hat, soll uns bloße Hilfe sein bei einer Arbeit, die wir noch zu tun haben."

In diesem Zusammenhang fügt er hinzu:

„Wer aber die Verdienste abendländischer Wissenschaft verkleinern wollte, würde den Ast absägen, auf dem der europäische Geist sitzt. Wissenschaft ist zwar kein vollkommenes, aber doch ein unschätzbares, überlegenes Instrument, das nur dann Übles bewirkt, wenn es Selbstzweck beansprucht."

Jung erkennt dennoch, daß die abendländische Wissenschaft einseitig ist, sozusagen Yang - Charakter hat, indem sie den Sinn oft für das Ganze des Weltzusammenhanges verloren hat. Ihr fehlt die Yin - Seite, wie sie mit ihrer Intuition der fernöstliche Geist noch bewahren konnte, als daß er sich...

„...in die einseitige Übertreibung und Überschätzung einer einzelnen psychischen Funktion verloren hätte. Deshalb fehlte es nie an der Anerkennung der Paradoxie und Polarität des Lebendigen. Die Gegensätze hielten sich stets die Waage - ein Zeichen hoher Kultur; während Einseitigkeit zwar immer Stoßkraft verleiht, dafür aber ein Zeichen der Barbarei ist."

Daher fügt Jung auch hinzu, wie sehr er eine neue Tendenz in Europa begrüßt, die „...gegen den Intellekt zugunsten des Eros oder zugunsten der Intuition einsetzt, ...eine Erweiterung des Bewusstseins über die zu engen Schranken eines tyrannischen Intellektes hinaus."

Als wichtige Erkenntnis der Psychotherapie, die Jung unter anderem aus der Beschäftigung mit dem fernöstlichen Geist gewonnen hat, schildert er, daß er darauf kam, daß es um eine *Niveauerhöhung des Bewusstseins* gehe.

Die Probleme seien nicht durch etwas direkt zu lösen, sondern müssen mit einer veränderten Lebensanschauung überwunden werden. Die nannte er auch ‚überwachsen' und führt dazu aus:

„Irgendein höheres und weiteres Interesse trat in den Gesichtskreis, und durch diese Erweiterung des Horizontes verlor das unlösbare Problem die Dringlichkeit. Es wurde nicht in sich selber logisch gelöst, sondern verblasste gegenüber einer neuen und stärkeren Lebensrichtung. Es wurde nicht verdrängt und unbewusst gemacht, sondern erschien bloß in einem anderen Licht und so wurde es auch anders."

Jung schildert diese Auffassung noch weiter:

„Was auf tieferer Stufe Anlass zu den wildesten Konflikten und zu panischen Affektstürmen gegeben hätte, erschien nun, vom höheren Niveau der Persönlichkeit betrachtet, wie ein Tal-Gewitter, vom Gipfel eines hohen Berges aus gesehen. Damit ist dem Gewittersturm nichts von seiner Wirklichkeit genommen, aber man ist nicht mehr darin, sondern darüber."

Das höhere Niveau der Persönlichkeit, von dem die Rede ist, drückt sich dann aus in einer Bewusstheit „...die verhindert, daß man mit dem Affekt identisch wird, eine Bewusstheit, die den Affekt zum Objekt nimmt, die sagen kann: ich weiß, daß ich leide. Was unser Text von der Trägheit sagt, nämlich Trägheit, deren man sich bewusst ist, und Trägheit, deren man sich nicht bewusst ist, sind tausend Meilen weit voneinander entfernt."

Jung verstand, daß die größten und wichtigsten Lebensprobleme im Grunde genommen alle unlösbar sind und gibt uns allen mit auf den Weg:

„Sie können nie gelöst, sondern nur überwachsen werden. Ich fragte mich daher, ob diese Möglichkeit des Überwachsens, nämlich der weiteren seelischen Entwicklung, nicht überhaupt das normal Gegebene und darum das Stecken an oder in einem Konflikt das Krankhafte sei. Jeder Mensch müsste eigentlich jenes höhere Niveau wenigstens als Keim besitzen und diese Möglichkeit unter günstigen Umständen entwickeln können."

Diese Ausführungen zeugen von einem ausgesprochen positiven Menschenbild. Aus seinen Erfahrungen mit einigen Patienten schildert Jung, daß dieser Entwicklungssprung nicht oder selten der bewussten Erwartung entsprach und trotzdem `ein seltsam treffender Ausdruck der Gesamtpersönlichkeit´ war...

Nun ist es zu der folgenden Einsicht von Jung nicht mehr weit:

„Man muß psychisch geschehen lassen können. Das ist für uns eine wahre Kunst, von welcher unzählige Leute nichts verstehen, indem ihr Bewusstsein ständig helfend, korrigierend und negierend dazwischenspringt und auf alle Fälle das einfache Werden des psychischen Prozesses nicht in Ruhe lassen kann."

In unserer Kultur ist der Mensch so sehr auf Aktivität gedrillt, daß er das Loslassen einfach nicht lernen konnte. Als Kind hat er es noch sehr gut gekonnt, doch dann trieben ihn die ständigen Ermahnungen und Leistungsanforderungen aus seiner ruhigen, oft selbstvergessenen Mitte heraus. Seelische Weiterentwicklung und Intuition, Kreativität usw. benötigen jedoch die schöpferische Ruhe, die Muße.

Die Wege, auf denen die Menschen zu ihren inneren Erkenntnissen und Phantasien kommen können, sind sehr verschieden:

„Manche schreiben sie am leichtesten, andere visualisieren sie, und wiederum andere zeichnen und malen sie mit oder ohne Visualisierung."

Es kann festgestellt werden, daß Carl Gustav Jung dem modernen Menschen viele Türen zur kreativen Selbstverwirklichung geöffnet hat, und das ist auch heute noch vorrangig und für eine expansive Entwicklung relevant.

Ergänzende Gedanken
„zur Psychotherapie mit Alltagsanwendung"

Nach diesen ausführlichen, komprimierten und uns überlieferten Psychotherapie-Extrakten, die uns auch heute noch in ihrer Klarheit und Erkenntnis in unser modernes Alltagsleben hineinbegleiten können, stellt sich *„am Ende dieses Sachbuches"* in gewisser Weise doch die Frage, was der einzelne Mensch mit diesem Wissen denn nun tatsächlich in seinem Alltag anfangen kann...

So hat dieses Nachwort auch etwas den Charakter einer Besinnungsanregung – und zwar in Bezug auf das, was wir alle letztlich am dringendsten brauchen. Die Fragen danach sind elementar:

Was führt mich am ehesten zu innerer FREUDE UND RUHE?

Oder wie lässt sie sich wiedergewinnen?

Wie lassen sich Stress, Hektik und Besorgnisse des Lebens, die niemand erspart bleiben, überwinden?

Die drei Pioniere der Psychologie haben dem Abendland einen Spiegel voller Lösungen vorgehalten, indem sie immer wieder auf etwas sehr Naheliegendes verwiesen, nämlich auf die jedem innewohnende Kreativität.

Die Frage ist: Und wie kommt man da hin?...

Um noch einmal auf C. G. Jung zurückzukommen... Er sagte:

Das einzige, was wirklich hilft, ist die Selbsterkenntnis und die dadurch bewirkte Änderung der geistigen und der moralischen Einstellung.

Damit bietet sich als praktische Antwort an: <u>Kunst</u> <u>und</u> <u>Meditation</u>.

Malerei, Poesie und meditative Texte sind schon für viele Menschen ein Weg zur inneren Ruhe und Sammlung geworden, die entsprechend bestärkt, angeregt und ermutigt dann ihr eigenes kreatives Schaffen - zunächst einmal ohne jeden Anspruch an sich selbst - in sich erlebten, und das nicht selten zu ihrer eigenen Überraschung.

Die Psychotherapie in der täglichen Praxis sieht immer wieder, wie viele Menschen in ihren alten, unguten Mustern und Konditionierungen gefangen sind, wie sehr sie moralischen, also gesellschaftlich, kulturell und religiös bedingten Einflüssen trotz aller Informationsmöglichkeiten unterliegen.

Das lässt viele mitunter so entfremdet und angepasst leben, daß sie dadurch krank werden. Es kann andererseits in ihnen auch Trotz und Widerstand entstehen, und dann verhalten sie sich zu unangepasst, zu unsolidarisch. Und letztlich sind sie ihr eigener Gefangener.

Die positive und kreative Phantasie,
angeregt durch konstruktive Einflüsse,
kann dem aufgeschlossenen Individuum
Wege in die Freiheit der Selbstbestimmung
und des kreativen Selbstausdruckes aufzeigen.

Damit ist an sich schon alles gesagt. Zur Verdeutlichung soll hier aber noch etwas weiter ausgeholt werden.

Einblick als Auftakt ...

Es sich gut gehen lassen, das Leben genießen, "die Seele baumeln lassen", "sich selbst verwirklichen", umfassende Gesundheit und eine Rundum - Entspannung sind Grundpfeiler der Fitness- und Wellness - Kultur, die sich das Wohl des Menschen auf ihre Banner geschrieben hat.

Wer Zeit, Geld und Muße hat, kann aus einem unübersehbaren Angebot auswählen, und das ist wunderbar.

Doch es kann unter Umständen ein Haken verborgen sein. Denn hier lauert der nächste innere und äußere Anspruch an das arme Individuum, das nun so gern ganz toll sein will, gesund, fit und schick wie die anderen, "in" und alles mögliche und immer mehr von allem. - Hinter all dem steht letztlich die Sehnsucht nach innerer Ruhe, der Wunsch, den störenden Verstand einmal abschalten zu können, der unablässig vergleicht und immer wieder neue Besorgnisse hervorbringt.

Der Stress, den Gesundheits-, Ferien-, Feierabend- und Freizeitbetätigungen normgerecht zu genügen, kann als Stress an sich, allerdings in anderer Verpackung, durch Hintertüren zurückkommen. Zunächst sehr sinnvolle und entspannende Aktivitäten können leicht neue Ursachen für neues Unwohlsein werden.

Besonders der Anspruch an eine schwungvolle Jugendlichkeit, in welchem Alter auch immer, scheint sich als neuer Konkurrenzdruck auch im Freizeitbereich mehr und mehr einzuschleichen, wobei der Schlankheits- und Schönheitswahn ohnehin zu einem Anpassungsdruck ohnegleichen zu werden droht. „Der Mensch in der modernen Gesellschaft" hat es wirklich nicht so leicht...

Wer sich und sein Leben nicht bestimmen lassen will, wer nicht mithalten will oder möchte, gilt nicht selten entweder als "out" oder als völlig zurückgeblieben - es sei denn, es treten bemerkenswerte andere Qualitäten in Erscheinung, um dieses allgemein als Manko bewertete Ausscheren aus dem allgemeinen, dem sogenannten "Mainstream" zu rechtfertigen.

Der einzelne Mensch in der Gesellschaft gilt weniger als in den Zeiten, in denen der Konformitätsdruck unter anderem in Form des allgegenwärtigen Konsumzwangs weitaus geringer war als heute. Geld scheint mehr und mehr alles zu bestimmen, wie sich heute auf erschreckende Weise schon im Kindesalter zeigt.

Die Bindungsangst und die Beziehungsunfähigkeit vieler junger und jüngerer Menschen mit eindeutig modern-dynamischer (und angepasster konsumfreudiger und konsumgesteuerter) Ausrichtung sprechen Bände.

An sich weiß das auch jeder mehr oder weniger, doch nur wenige stellen sich dem entgegen und leben unabhängig von den Normen und Trends individuell und authentisch.

Da aber in diesem Universum alles letztlich in Balance ist, stehen den Tendenzen zur weiteren Verarmung der Werte auch neue Möglichkeiten gegenüber, inmitten der Vermassung zu sich selbst zu finden, und damit auch das eigene Tun hinterfragen zu können. Die wesentliche Voraussetzung ist jedoch dabei die Fähigkeit, hinter die vergänglichen Erscheinungen bzw. durch die Oberflächlichkeiten hindurch blicken zu können.

Eine einfache und naheliegende Möglichkeit bietet sich zunächst praktisch jedem überall, auch dem Großstädter unübersehbar spätestens im Stadtpark:

Die Natur ist immer für uns da, und sie zu spüren, ist die wohl naheliegendste Gelegenheit der Selbstbesinnung. In der Natur sind Ursprünglichkeit und Lebenskraft gegenwärtig. Hier kann der Mensch ein Gespür für die Gesetze des Daseins bekommen. – Und die Einsicht, dass alles auch zumindest etwas weniger ernst zu nehmen sein kann...

Die Natur hat seit Beginn der zivilisierteren Lebensformen das künstlerische Gestalten inspiriert, und die Stille und Größe, die Urgewalt und Schönheit der Natur beeindrucken den coolen Börsenmakler auf Erlebnistour ebenso wie den im natürlichen Umfeld lebenden Almbauern.

In der Natur ist das noch direkt zu erfahren, was leider vielen Zeitgenossen völlig abhanden gekommen zu sein scheint: Stille.

Stille im Außen ermöglicht als eine Form der *Synchronizität* auch Stille im Innern - und auf die Kraft der Stille sind wir angewiesen, wenn wir leistungsfähig und vor allem gesund bleiben wollen.

Und so hat der moderne Mensch die Natur für sich wiederentdeckt, denn in ihr und durch sie vermag er trotz seiner oft arg verstellten Sichtweise die freien Räume zu erleben, die er braucht, um das zu können, was die Bezeichnung verdient: Leben.

Und ein Kennzeichen des Lebens ist Veränderung, und in dieser Veränderung ist Leben, ist Bewegung. Doch an diesem Punkt schrecken sehr viele Menschen zurück, weil sie Angst vor jeder Veränderung haben. Sie wollen sich buchstäblich "nicht bewegen".

Bewegung macht glücklich, nicht nur im Körper, sondern auch im Denken, Fühlen und Handeln - aber:

Es ist nicht unerheblich, in welcher "Instanz in uns" abgesehen von den rein physischen Vorgängen zum Beispiel beim Jogging die Bewegung passiert.

Bewegung soll ja letztlich dem Körper Kraft, Schwung und frische Energie geben und nicht nur erschöpfen, und Veränderung durch Bewegung, durch das Leben, soll Erweiterungen bringen, keinen Stillstand.

Energien nicht zu verschwenden oder verpuffen zu lassen, ist wichtiger denn je, denn die vielfältigen Anforderungen an uns alle sind ungleich höher als früher.

<u>Sich positiv einstimmen auf den Tag</u>, kann insofern eine große Hilfe für das Aufbauen und das Aufrechterhalten eines tragfähigen Wohlbefindens sein.

"Wie gehe ich in den Tag hinein", ist keine leere Phrase, die sich "im Kopf" abspielt, wenn sie in ein kleines, selbst erfundenes Ritual der Besinnung eingebunden ist, und das kann ohne einen weiteren Zeitaufwand beim Frühstück oder selbst beim Zähneputzen danach geschehen.

Gerade wenn wir den ganzen Tag hindurch Leistung erbringen müssen, ist es von großer Bedeutung, der Seele dafür Raum und Kraft zuzubilligen.

Viele Zeitgenossen laufen Gefahr, in den Trends und Moden, den Anforderungen und dem von der Umwelt als selbstverständlich vorausgesetzten Verhalten unterzugehen. Es ist daher gut, Wege zu kennen, auf denen wir uns als autonomes Wesen wahrnehmen... weil wir dort in uns selbst etwas vorfinden... Was ist es?

Es ist etwas, das dem überdimensioniert auftretenden "Denk-Apparat", der für die vielen unnötigen Kümmernissen und Besorgnisse verantwortlich ist, gegenüber steht.

Es ist mehr denn je wichtig geworden, wirkliche innere Stärke zu haben, die uns zur inneren Ruhe führt.

In den Überlieferungen der Kulturen der Welt gibt es viele erprobte Verfahren und Übungen, die über die philosophische Betrachtung der Welt und der Probleme der Menschen in ihr entscheidend hinausgehen, weil sie praktische Anleitungen geben.

Wer Rat sucht, findet im großen Angebot viele geeignete Möglichkeiten. Doch in vielen Fällen fehlt Menschen, die sich in einer schwierigen persönlichen Situation befinden, die nötige Kraft, nun tatsächlich geeignete Schritte hin zu einer Verbesserung der Umstände zu unternehmen.

Die eigenen Stärken zu entwickeln, klingt nicht nur verheißungsvoll, sondern ist letztlich unumgänglich. Es ist aber in der ganz praktischen Umsetzung - auch unter guter fachlicher Anleitung - manchmal ein zu großer Schritt, erfordert ein zu hohes Maß an eigener Startenergie.

Und es ist leider eine Tatsache: Viele Menschen sind inzwischen einfach zu krank oder fühlen sich zu erschöpft, zu ausgebrannt, um von sich aus geeignete Schritte zu unternehmen.

Wo ist ein Ausweg. Zum Beispiel hier:

Legen Sie sich im Laufe der Zeit im Rahmen ihrer ganz eigenen Interessen und Betätigungen gewissermaßen ein Reservoir von Positivität an, aus dem immer wieder geschöpft werden kann.

Dieser eigene Speicher stellt die Energie zur Verfügung, die für Veränderungsprozesse in der gesamten Einstellung zum Leben erforderlich ist.

Das klingt banal, schließlich hat fast jeder so eine Art Hobby... aber hier ist mehr gemeint als nur ein Rückzug in den Bastelkeller oder der gewohnte Frühschoppen in der netten Vereinsrunde. (Wobei natürlich all` das schon wunderbar und hilfreich und schön sein kann und oft ja auch ist.)

Es ist eine Tatsache, daß der Verstand - bei all seiner dankenswerten Fähigkeit zum Erledigen wichtiger Alltagsaufgaben - doch oft nur stört, wenn er uns seine immer wieder nur leicht abgewandelten Erläuterungen zu den immer gleichen Themen auftischt. Und wer hat noch nicht die Erfahrung gemacht, daß der Verstand gar nicht mehr ablassen mag von seinen altbekannten "Depri-Themen"...

Das ungefragte Kommentieren jeder kleinen Begebenheit durch den unruhigen Verstand ist als ein vordergründiges Geschehen jedem bekannt. Es wird als gegeben hingenommen, so wie der Tag- und Nachtwechsel.

Doch was ist das Bewusstsein?

Es ist angesiedelt in der Ebene, vor der sich das ganze Alltagsgeschehen abspielt. Das Bewusstsein ist die Instanz, die "die Vorgänge des inneren Schnatterns im Kopf" beobachtet. Dies und einiges mehr.

An dieser Stelle liegt ein Einstieg zur Ebene der Selbsterforschung in Verbindung mit der Freude an der Kunst und gleichzeitig ein Einstieg in die Erfahrung der Meditation.

Die Schätze der Natur, zum Beispiel die wunderbaren, geheimnisvollen Perlen aus den tropischen Ozeanen, können uns ein Beispiel sein für die Vielfalt der Möglichkeiten, Schönheit zu finden und zu erleben, sei es in der Gestaltung durch Menschenhand, oder, wie am Beispiel der Perlen, durch die Natur selbst.

Die Erfahrung der Stille in der Natur kann uns zu einer unkomplizierten Betrachtung der Kunst führen, die nicht vom Verstand geleitet ist, sondern die sich vom Herzen aus ereignet.

Und mehr noch, und darüber hinaus:

Im Offen-Sein für die das Positive erlebende anregende Malerei, für aufbauende Poesie kann sich der innige Wunsch zur individuellen, das eigene Leben bereichernden kreativen Gestaltung ereignen. – Und das ganz leicht, spontan, natürlich.

Die Kunst bietet mit ihren unterschiedlichen Erscheinungsformen die große Gelegenheit, "aus dem Verstand herauszukommen". Das ergreifende Orgelkonzert von Bach in einer großen Kirche oder wunderbare Bilder als Ausdruck eines aufbauend in die Tiefe gehenden Gefühls sind Möglichkeiten, Anschluss zu finden an

die in sich selbst ruhende Größe in uns allen,

die immer da ist - "die zuschaut" und die unser eigener innerer Hafen der Ruhe und Geborgenheit ist.

Die Religionen nennen den Weg dorthin *die innere Andacht* oder *Meditation*.

Hier muß ein leider noch grassierendes Missverständnis ganz entschieden ausgeräumt werden:

Meditation ist keinesfalls ein "Wegträumen", auch ein Schwelgen in Energien (was sehr angenehm, kräftigend und motivierend ist) ist hier nicht gemeint.

Meditation ist absichtslose Achtsamkeit, ist glasklares Erkennen – entstanden im inneren Abstand zum eigenen Handeln, Denken und Fühlen, schlichtweg im absichtslosen Beobachten dessen, was ist.

Meditation ist uns allen als ein Geburtsrecht gegeben.

<u>Die jedem Menschen gegebene Fähigkeit zur Achtsamkeit ist auch ausreichend für die Erfahrung der Meditation!</u>

Es ist genauso wie mit dem Gespür für schöne Dinge – das jeder letztlich hat.

Kunst, geboren aus der inneren Stille heraus ist ein Synonym für unser Inneres, aus dem alle Kraft, alle Zuversicht, Kreativität und Intuition im großen wie im kleinen entstehen.

So sind sich wahre Kunst und echte Meditation sehr nahe - sie sind von ihrem Ursprung her wie Zwillinge, denn beide Phänomene entstammen dem ganzheitlichen Menschen.

Die Schulung des Bewusstseins geht ständig vonstatten, ob es uns bewusst ist oder nicht.

Je tiefer wir uns der meditativen Kunst öffnen, desto näher kommen wir auch der parallel verlaufenden Ebene der Bewusstseinsentwicklung, dieser so vieles verändernden Erfahrung - der Meditation.

Meditation steht weit über dem Denken, und Kunst und Kreativität stehen auch hoch über dem Denken.

Die Quelle, nämlich unser schöpferisches Selbst (beziehungsweise das aus dem Buddhismus bekannte und das "im Ergebnis dann vergleichbare" "Nicht-Selbst") ist die gleiche.

Ein Kunstwerk ist immer ein Erlebnis besonderer Art, und wenn es uns gelingt, dem ablaufenden Kommentar des Verstandes in unserem Kopf Einhalt zu gebieten, dann haben wir eine großartige Chance, mittels der Kunst wie über eine Brücke in uns hineinzuspüren, hineinzuhören.

Das Nach-Innen-Schauen mittels eines Kunstwerkes, und das ohne irgendwelche Antworten auf irgendwelche Meinungsäußerungen zu erwarten, ist ein intensiver Weg der Meditation.

Dieser kann uns in unserem alltäglichen Leben sehr helfen, denn das innere Erleben schafft Resonanzen im äußeren Erleben, wodurch unser Alltag positiv beeinflusst wird.

Das Entdecken der inneren Stille, dieser besonderen Kraft über allem "Verstandes-Schnattern" ist es, was uns aus der Identifikation mit den Gedanken herauszuholen vermag. - Und wer bräuchte das nicht im Alltag? Wer wünscht sich das nicht?

Kunst und Meditation als Alltagshilfen sollen jedoch nicht als etwas begriffen werden, um den Verstand einfach nur ruhig zu stellen, denn wir brauchen den Verstand, um effektiv arbeiten und um notwendige, vernünftige, rationale Entscheidungen treffen zu können – und um insgesamt optimal leben zu können.

Aber der Verstand soll unser Diener sein, nicht der Boss...

Und es gilt noch ein weiteres Missverständnis auszuräumen, das sich nach wie vor hartnäckig hält:

Meditation ist nicht gleichbedeutend mit der Abkehr von allem Irdischen oder der Ablehnung jeglichen Genusses. Puritanische Bestrebungen im Christentum aber vergleichsweise auch in verschiedenen anderen Religionen haben das Bild eines einseitigen Ideals der Menschwerdung entstehen lassen, das heute fast niemand allen Ernstes noch zeitgemäß und nachahmenswürdig erscheinen kann.

Aber das ist auch gar nicht nötig, denn meditativ erlebte Wahrnehmungsprozesse werden aufgrund der durch die Meditation gesteigerten Wachheit, der sensibilisierten Wahrnehmung, der umfassend gewachsenen Aufmerksamkeit viel intensiver und demzufolge auch lustvoller erlebt, als es dem nur von seinem Verstand gesteuerten Individuum vergönnt ist.

Da es für viele Menschen nicht leicht ist, direkt in Meditation zu gelangen und zu bleiben, kann nun eine neue Methode praktiziert werden. Denn es gilt, immer wieder "aus dem Mind zu kommen", wie es auf englisch heißt. Durch die positive, eine spirituelle Kunst werden die Sinne auf angenehmste Weise angesprochen.

So sind Kunst und Meditation in unserem Alltagsleben die große Chance, uns näher an unser eigenes Bewusstsein heranzubringen.

Sie können uns leicht aus dem Verstand holen, der immer wieder Kräfte bindet, die letztlich nur verpuffen.

"Mind-Energien" sind dort wichtig, wo sie gebraucht werden - sonst nicht.

Je mehr wir unsere Aufmerksamkeit dem entspannt-achtsamen Betrachten widmen, desto wohler werden wir uns durch diese Öffnung uns selbst gegenüber fühlen, desto stiller und kraftvoller werden wir sein und auch desto unabhängiger von Trends und der Meinung anderer leben können.

Das heißt auch und gerade, sich bezüglich eigener Kreationen keinerlei unnötigen Stress zu machen. Vergessen Sie, daß Kunst Stimmungen erzeugen will oder soll oder könnte, und daß beim Betrachten Ihres Bildes bei anderen etwas ausgelöst wird, etwas „im Bauch passiert". – Es geht nur um den kreativen Ausdruck.

Ob es sich bei dem, was in uns entsteht, um `Kunst´ in einem klassischen Sinne handelt, um eine kunstfertige `Ausübung´ oder einfach nur um ein Objekt, das uns Freude macht, das uns nahe ist – es ist in jedem Fall eigener Kreativität entsprungen, und nur darauf kommt es hier an.

Dieser Punkt ist sehr wichtig, und führt auch wieder hin zum allgemeinen, zum Leben an sich.

Wer weiß, daß er denkt, weiß auch, daß es meist wirklich nur das Denken der anderen ist, mit dem Kritik und Bewertung aller Art in die Welt gesetzt werden.

Wer den Unterschied zwischen dem Denken des Verstandes und der Ebene des *Bewusstseins* kennen gelernt hat, wird anders leben als bisher.

Das Leben wird in mehr Freiheit geschehen, es wird mehr Spaß machen, und es wird in dieser Freude auch mehr wirkliche Liebe sein, die unser Leben bereichert und trägt.

Kunst und Meditation führen uns in die Stille unserer eigenen Kraft, unseres eigenen Bewusstseins und in die individuelle Kreativität.

Ausblick und Anregung ...

Einige weitere Erläuterungen sollen hier noch folgen, damit in den Leserinnen und Lesern der Mut zur kreativen Selbstentfaltung entstehen kann, sofern das gewünscht wird.

Spielerisches Malen und Schreiben sind unter anderem als ein selbst-therapeutischer Weg zur inneren Befreiung von alten Konditionierungen und Lebensmustern bekannt.

Und zur Anregung: Die Energieübertragung kreativ-positiver Lebensenergie „durch das Kunstwerk" ist ein wichtiger Faktor, den es ebenfalls hervorzuheben gilt.

Die Freude des Kunsterlebnisses ist in sich schon ein Ansporn, selbst kreativ zu werden, und das betrifft natürlich alle Bereiche, auch die Literatur und die Musik.

Die Kreativität, die in Energieübertragungen erfahrbar ist, ist wohl das wichtigste, weil anregendste Instrument, um das Leben besser zu meistern, um es zu bereichern, um es genießen und schätzen zu können.

Die kreative Lebensenergie als Anregung von außen sowohl als treibende Kraft für eigene Ausdrucksformen ist ein wesentlicher Teil der Grundausstattung des Menschen... Also, schauen Sie, spüren Sie - lassen Sie anregende Energien mittels der Kunst zu und öffnen Sie sich für die eigene spielerische Kunstentfaltung.

Etwas Neues über sich erfahren, spielerisch, vielleicht sogar für sich selbst dabei einen tieferen Sinn „an der eingefahrenen praktischen Alltagsfront" finden...

Das Entfalten der eigenen kreativen Kräfte kann also jederzeit und ganz spontan geschehen... sei es durch die anregende Wirkung von Bildern oder über den gelesenen Text, der im Innern etwas anklingen lässt, wie es von der Musik, vom Tanz, dem Schauspiel usw. bekannt ist.

Die erlebte Energie inspiriert – und lässt mitschwingen...

Energie der freien Kreativität erinnert Sie an die eigene, ihre ganz persönliche Kraft der Gestaltung. Finden Sie auf diese Weise Ihre eigenen Eintrittskarten in das Reich der Phantasie.

Sowie das Innere in losgelöster Achtsamkeit zum Beispiel ein Bild zu betrachten vermag, aber nicht ´mit analytischen Augen´, oder einen Text nicht mit einer zielorientierten Intention, also nicht ´kopfmäßig´ aufnimmt, geschieht ´*eine Übertragung*´.

Das ganz besondere Merkmal der Kunst liegt eben darin, daß sich die Energie von Bildern, Zeichnungen und Texten, von Gedichten und Aphorismen überträgt - und in dieser Energie liegt ein Schlüssel zur Hinwendung nach Innen.

Diese Form der Anregung, der ´Übertragung´ ist also bestens geeignet, die Intuition anzuregen - zum eigenen Experimentieren. Und das alles leicht und mühelos und vorerst nur für sich selbst...

Seien Sie dabei von nun an einfach gelöst beim Tun oder Nicht-Tun – und weniger ernsthaft und dafür mehr spielerisch.

Lassen Sie sich dazu anregen, ein ganz neues Maß von Mut, Kraft, Geduld und Ausdauer aufzubringen, mit ganz neuer Selbstverständlichkeit, um so auch weitreichendere Ideen Wirklichkeit werden zu lassen, sei es in künstlerischer, experimenteller Form - oder zum Beispiel auch im Rahmen einer geschäftlichen Unternehmung, die Ihnen neue finanzielle Spielräume ermöglicht.

Es gibt unzählige Möglichkeiten, in vielfältiger Weise immer wieder direkt oder indirekt (durch geeignete Übungen, siehe im Anhang *Facetten der Kreativität*) die eigene innere `Kreativitätsbatterie´ aufzuladen. Und:

Es sind auch im Alltagsleben immer wieder Hinweise zu finden, sei es in einer Zeitschrift im Wartezimmer beim Arzt, die man aufgreifen und weiter entwickeln kann für eigene weitere Schritte.

In diesem Sinn ist es auch wichtig, bisherige Erfolge vor sich selbst zu würdigen, sie auch mal zu feiern, und sie als Bausteine künftiger Unternehmungen in der Seele zu bewahren.

Es ist hier mittels der Zitate der Pioniere dargelegt worden, daß Träume einen guten Aufschluss über bisher unbewusste Faktoren bringen können. Genauso kann dies von den kreativen Schöpfungen des Menschen gesagt werden.

Die Beschäftigung mit der Kunst erlaubt einen ganz besonderen Weg der kreativen Selbstentfaltung. - Was könnte lustvoller und befriedigender sein, als dabei die eigenen Fähigkeiten und Kompetenzen wachsen zu sehen und sich in diesem Prozess gefördert und unterstützt zu fühlen – durch die eigene Kraft des eigenen Innern...

Es ist alles ganz naheliegend, denn:

Es ist ein bedeutsamer Teil der menschlichen Natur, schöpferisch zu sein. Die Sprache drückt es anschaulich aus, indem wir sagen,

wir haben bestimmte Be-Gabungen und Auf-Gaben.

Wenn wir sie er-füllen, fühlen wir uns er-füllt.

Wir haben Ge-schick-lichkeiten, mit denen wir ge-schickt sind,

um unser Schick-sal zu er-füllen.

Für unsere Existenz erscheint es daher von großer Bedeutung zu sein, herauszufinden:

Worin besteht meine besondere Aufgabe?

Wo liegen meine Begabungen?

Wie kann ich sie zum Wohle des Ganzen sinnvoll einsetzen?

Das künstlerische Kreativ-Sein ist sehr hilfreich für
die freie Ent-faltung des Seelen - Lebens.

Kreatives Gestalten ist ein wunderbarer Raum für jeden, einmal zu Experimentieren, sich ein eigenes `Laboratorium´ des freien Spielens und Gestaltens - des Erforschens einzurichten. (Und sei es nur eine Ecke im Zimmer, in der die Energie eigener Kreation vorherrscht...)

Neues können wir sofort erkennen und meist vor uns selbst auch zulassen, denn es erfüllt unsere Seele mit großer *„Be-Geist-erung"* und Freude.

Es liegt auch in der Natur des Menschen, gern Bestätigung und Anerkennung zu bekommen, und die Entfaltung im weiten Feld der Kreativität ist eine wunderbare und naheliegende Gelegenheit, diese Ziele auf angenehme und für alle nützliche und inspirierende Art und Weise zu erreichen. Und:

Die Persönlichkeit ist eng mit dem kreativen Prozess verbunden, für spätere weitere Gelegenheiten und als eigener Anker für ein gutes Selbstwertgefühl.

Es geht um die bewusste und offene Wahrnehmung und Verarbeitung von Kunst, um die Zusammenhänge von Erlebnis und Assoziation. Wenn Sie sich schöpferisch ausdrücken, begleiten Sie oft Emotionen von Selbstachtung und ein positives Bewusstsein von der eigenen Leistung. Sie wird als wesentlich empfunden, da nur Sie in dieser einmaligen Situation dies haben erschaffen können - denn Sie sind ein nur einmal existierendes Geschöpf in diesem Universum, in einer einmaligen Lebenssituation.

Allein diese Tatsache macht Ihre Originalität aus.

Vergleichen Sie sich daher nicht mit anderen.

Wenn Sie sich schöpferisch ausdrücken, begleiten Sie Emotionen von Selbstachtung und ein positives Bewusstsein von der eigenen Leistung. Das ist sehr wesentlich.

Das Bedürfnis, diese schöpferische Kraft auszudrücken und mitzuteilen, ist stark, denn wir möchten kommunizieren, Erfahrungen austauschen, Anerkennung finden. Das ist ganz natürlich. Kunstgenuss oder eigenes Kunstschaffen können leicht zu sogenannten `Gipfelerlebnissen´ (Flow-Erlebnissen) führen, und das heißt, starke Momente des Glücks zu empfinden.

**Und diese Erfahrungen sind wiederum
ein natürlicher Weg in die Meditation —
denn wenn wir glücklich sind...
was wollen wir dann noch...
dieser Moment ist ja gerade schon alles...**

**In diesem Innehalten,
in dieser Selbst - Beobachtung
geschehen uns Augenblicke
unseres eigenen Mysteriums —
jenseits aller Worte und Bewertungen.**

**Das Hineinversetzen in eine
neue Wirklichkeit des Seins,
hineinzugehen und in dieser
Phantasielandschaft umherzuwandern sind
innere Erlebniswelten,
in der sich die eigene Phantasie
von selbst in Gang setzt.**

**Beginnen Sie also einfach
ganz spontan damit,
Ihren Ideen und Impulsen
Ausdruck zu geben,
und achten Sie dabei
nicht auf Ihre intellektuellen Vorbehalte,
sich momentanen Eingebungen hinzugeben.**

**Schreiben Sie drauflos, malen Sie, kreieren Sie...
für sich selbst.
Was Sie tun, ist nur für Sie selbst gedacht,
es sei denn,
Sie möchten es mit anderen teilen.**

**Phantasie und kreative Ausgestaltung
durch Wort und Bild
bewirken in ihrer Selbstbestätigung
Erleichterung, Freude und Glück.**

**Und damit lernen wir auch
ganz automatisch,
aufmerksamer und bewusster
...hinzuschauen.**

**Durch eine Schulung der Phantasie
und der Kreativität wird
das Wahrnehmungsspektrum
im Alltagsleben erweitert und verfeinert.**

Das Leben wird reicher und bunter.

**C. G. Jung hat von Lao Tze auch für uns etwas
aufgefangen.**

Es ist für jeden von uns da, für unseren Alltag...

Anhang

Die universell-poetische Malerei von Marc Ericson – ein besonderes Werk

Das Gesamtwerk dieses ungewöhnlichen Künstlers, das mehrere tausend Gemälde umfasst, ist Ausdruck einer ästhetischen Erfindungskunst, einer Seelen-Sprache, es ist inspirierende Kreativität und Ästhetik – es ist

Lebenskreativität und Innovationskunst.

Der Maler Marc Ericson beschritt mit seinem Gesamtwerk zwar einen in die bisherige künstlerische Kultur eingebetteten, trotzdem aber völlig neuen Weg. Die vielen außergewöhnlichen „Bilder im Bild", die Collagen und Kombinationen aus eigenen Werken zeigen dies sehr deutlich.

Durch seinen Beruf als Psychotherapeut, der ihn finanziell unabhängig arbeiten ließ, konnte er sein Werk frei von allen Beeinflussungen von außen entwickeln. Erst jetzt nach vielen Jahren des künstlerischen Schaffens hält er den Zeitpunkt für gekommen, sein Werk der interessierten Öffentlichkeit vorzustellen – und dies in Zusammenarbeit mit Wolfgang Wellmann.

Es ist mit Sicherheit sehr selten, dass das gesamte Werk eines Malers vollständig erhalten ist. Da Marc Ericson ausschließlich auf Karton und Papier malte und zum größten Teil kleine Formate bevorzugte, konnte und kann es problemlos aufbewahrt werden. Und er ist wohl in der Tat ein Meister der poetisch-abstrakten Miniaturmalerei, der Buchmalerei.

Marc Ericson versteht seine Kunst als einen unmittelbaren, einen spontanen Ausdruck seiner emotionalen und seiner gedanklichen Erfahrungen. Er schuf, wie er selbst sagt, ausschließlich aus der Freiheit seiner schöpferischen Phantasie. Malerei war für ihn immer grundlegendes Ereignis und Neuschöpfung, eine Transzendenz und Transformation des für ihn Wirklichen – hinein in weitere Möglichkeiten.

Diese Erweiterungen und Neusetzungen von Realität als Förderung der eigenen kreativen Ideen ermöglichen es den Betrachterinnen und Betrachtern, immer wieder einen neuen Zugang zu seinem Werk zu entdecken und auch immer wieder neue Interpretationen zu erfinden.

Das Werk von Marc Ericson kann als eine „poetisch-symbolhafte Abstraktion" bezeichnet werden – denn mit symbolhaft-konkreten Formen fliegt die Fantasie (wie z. B. Vögel in den Landschaften) wieder in die Welt des leicht Erfassbaren, des leicht Vorstellbaren zurück. Dies geschieht, um den Betrachterinnen und Betrachtern das Miterleben, das Mitschwingen zu erleichtern bzw. überhaupt erst möglich zu machen.

Die Freiheit und Seele verkörpernden Vögel sowie mitunter andere symbolhafte Zeichen in den Landschaften, last not least die wunderbar entspannten, die geheimnisvoll strahlenden Gesichter sprechen unübersehbar die Sprache einer tiefen inneren Freude.

Gerade hier vereinen sich auf wunderbare Weise poetische Abstraktionen mit symbolhaften Formen zu einer schöpferischen universell erlebbaren Bildersprache und Synthese.

Das Außergewöhnliche an diesem Werk ist die bemerkenswerte Tatsache, dass es über Jahrzehnte hinweg in klarer Unabhängigkeit und im wohltuenden Abstand zum bekanntlich recht kommerziell geprägten Kunstmarkt entstehen konnte.

So wurde in Freiheit von jeglichem Anpassungsdruck ein eigenständiges Werk von großer Vielfalt geschaffen, das nun als ein komplettes Gesamtwerk von höchstem Niveau unversehrt und vollständig dem interessierten Publikum vorgestellt werden kann.

Marc Ericson empfindet sich selbst als einen sehr meditativen Maler, der intensiv experimentiert, viele neue Wege des künstlerischen Ausdrucks entdeckte und in seinen „Bildern im Bild", die oft wie Fenster in eine neue Wirklichkeit wirken, in erster Linie das Gefühl der inneren Weite und Freude zum Ausdruck bringt.

Es geht ihm, das ist durchgängig zu spüren, um eine besondere Ästhetik, um Schönheit, um Harmonie. Für ihn ist Kunst nicht nur wunderbare Selbstverwirklichung und gleichzeitig eine Botschaft an andere, sondern gerade in ihr eine ermunternde Aufforderung, sich der eigenen Kreativität bewusst zu werden.

In seinen Gemälden sind stark visionäre Elemente enthalten, oft symbolhafte, transzendente Themen. Wie er selbst spürt das betrachtende Auge mit ihm in der Kunst die Offenbarung von Lebensgeheimnissen, von verborgenen Wirklichkeiten, von neuen Möglichkeiten und Horizonten. Kunst kann seiner Auffassung nach mühelos eine kreative Grundstimmung im Menschen schaffen, aus der heraus Begeisterung und Kraft entstehen, um etwas Neues und Innovatives in die Welt zu bringen.

So sieht er auch eine wichtige und wertvolle Verbindung von Kunst und Kreativitätsforschung, mit der praktisch alle Bereiche des Lebens bereichert werden können. Von der positiven Kraft der Kunst können z. B. auch kreative Unternehmen im Wirtschaftsleben in hohem Maße profitieren, zumal sie ständig auf Inspirationen angewiesen sind, die die schöpferische Phantasie in Schwung bringen.

Für ihn ist nun der Zeitpunkt gekommen, sein Gesamtwerk dem interessierten Publikum zugänglich zu machen, mit der Intention, auch großen erfolgreichen Unternehmen oder kunstinteressierten Privatpersonen im Sinne eines Mäzenatentums (siehe Dr. Lothar Späth, ehemaliger Ministerpräsident von Baden-Württemberg, in seinem Buch „Kultur und Wirtschaft", DuMont-Verlag) dieses Gesamtwerk zu offerieren.

Zusätzlich könnten auch handsignierte Kunstdrucke eine große kreative Inspiration bedeuten. Diese werden angeboten werden, sobald sich ein ausreichend großes Interesse dafür zeigt.

Die Kunst als eine Schule der Intuition

Auf die Frage „Was ist Intuition" sind im Laufe der Zeit schon viele Theorien und Vermutungen einander gegenübergestellt worden. Der Blick der Philosophen ging dabei meist in die Ferne und übersah das Konkrete und das Naheliegende. Doch die unverzichtbaren Grundbausteine der Intuition sind im Menschen ganz natürlich angelegt – sie liegen innerhalb der Reichweite der sinnlichen Wahrnehmung.

Sinnliches Empfinden zu befriedigen, anzuregen und zu schulen, war schon immer das Anliegen der Kunst, und die Malerei, die Königsdisziplin der Künste, als die sie zuweilen bezeichnet wurde, hat hierbei stets einen hohen Anteil gehabt.

Aus unendlich vielen denkbaren kreativen Verbindungen das Schöne zu erschaffen und durch das Betrachten gerade eigene schöpferische Assoziationen anzuregen, ist ein Verdienst der positiv angelegten Malerei. – Denn wer im assoziativen Spiel mit den eigenen kreativen Kräften des Beobachtens wie des eigenen Gestaltens geübt ist, kann eine treffsichere Intuition und damit einen Scharfblick für alle Situationen des Lebens entwickeln.

Eine gute Intuition verleiht ein Gefühl großen Selbstvertrauens; man ist nicht mehr von den Normen und Erklärungen anderer abhängig.

Kunst, Schönheit, Intuition – dies ist das wohl einmalige Grundlagenspektrum der Reihe von neuen Büchern, die mit den Pionieren auf ihren Entdeckungsreisen und denjenigen der Leserinnen und Leser beginnt.

Die Gemälde von Marc Ericson, die dieses Buch zu einer ganz besonderen Form der Entschlüsselungshilfe der eigenen Psyche machen, unterstützen durch den sinnlichen Eindruck der Kunst die Kreativität im Prozess des Aufnehmens der hier vorgestellten Textauszüge.

Diese ausgesuchten Texte sind im Hinblick auf die konkrete Entfaltung des individuellen Menschen und der Gesellschaft eine wirkungsreiche Anregung für die in die Tiefe blickenden Betrachterinnen und Betrachter.

Ein sinnlicher Eindruck durch diese besondere Kunst kann die bedeutsamen Aussagen der drei großen Begründer der modernen Tiefenpsychologie deutlicher werden lassen.

Das entspannte Aufnehmen der hier kombinierten „Bild-Texte" zur Klärung, Befreiung und Erweiterung der Psyche ist eine wunderbare Möglichkeit, den Text im Einklang mit den Bildern zu erleben, um daraus eigene Kreationen entstehen zu lassen – die Aufschluss über sich selbst geben und befreiend wirken können.

Die eigenen kreativen Erlebnisse durch das (Aus)-Malen in diesem Buch können die Basis sein, weiter zu gehen in die eigene Innenwelt mit dem Ziel, ein neues individuelles und gemeinschaftsbezogenes Leben zu gestalten.

Malen in diesem Buch...

Zu Beginn dieses Buches wurde die Empfehlung ausgesprochen, auch selbst aktiv zu werden, also in dieses Buch hineinzumalen, vorzugsweise zunächst mit Buntstiften.

Und? Wie war´s? – Nicht gemacht?...
Schade.

Aber vielleicht haben Sie ja jetzt doch noch Lust bekommen.

Sehen Sie sich die in zartem Grau gehaltenen, gespiegelten Seiten noch einmal an. Lassen Sie der Inspiration freien Lauf. Sie werden vielleicht erstaunt sein, mit wie wenig Farbe sich Veränderungen ergeben können.

Wählen Sie nach Belieben vielleicht andere Seiten.
(Die unterschiedliche Aufteilung der Abbildungen ist beabsichtigt.)

Lassen Sie sich Zeit.

Geben Sie den Bildern Ihr eigenes individuelles Gesicht,
ihre eigenen Farben.

Wenn Sie lieber mit anderen Farben malen möchten,
dann tun Sie es, wie es sich für Sie anfühlt,
mit Öl-Kreide, Filzstiften usw.

Beobachten Sie die vielleicht aufkommende Versuchung,
alles ganz schnell fertig ausmalen zu wollen...

Lassen Sie sich Zeit.

Fühlen Sie die inneren Impulse,
den Linien zu folgen und die Flächen auszumalen –
oder über alle Ränder hinaus...

Und bitte führen Sie sich dabei nicht unentwegt vor Augen, welche therapeutischen Wirkungen Ihr Tun hier wohl haben könnte.

Der um sich greifenden digitalen Erschöpfung kann ganz einfach mit analogen Aktivitäten wie dieser entgegengewirkt werden.

Es kann für Sie sehr *entschleunigend und entspannend* wirken, dieses besondere Ausmalbuch... Und: Es tut gut, einmal alles zu vergessen und nur den inneren Impulsen zu folgen.

In der Gewissheit, daß es sich in diesem Buch vorwiegend um die Wiedergabe von Originalzitaten und allgemein akzeptierten Kernaussagen handelt, wird darauf hingewiesen: Die in diesem Buch enthaltenen Informationen und Vorschläge, die von beiden Autoren nach bestem Wissen und Gewissen zusammengestellt wurden, sind nicht die einzig möglichen. Die Autoren und der Verlag übernehmen keine Haftung für eventuelle Ansprüche, die in Zusammenhang mit der Anwendung oder Verwertung der in diesem Buch enthaltenen Angaben gemacht werden sollten.

Insbesondere im Interesse einer eingängigen
und anstrengungslosen Aufnahme des Textes
ist bewusst ein leicht vergrößertes Schriftbild
als für ein Sachbuch allgemein üblich
gewählt worden.

Auf Literaturhinweise wurde angesichts
der heutigen Informationsangebote verzichtet,
ebenso auf Zitatangaben, Fußnoten und andere
den Lesefluss unterbrechende Einschübe.

Die Original-Gemälde in diesem Buch
sowie handsignierte Kunstdrucke
können erworben werden.

Zuschriften bezüglich des Vertriebs
werden erbeten an W. M. Müller,
Pichelsdorfer Str. 55, 13595 Berlin.

Eine Auswahl der Ölgemälde von Wolfgang Wellmann
ist im Internet zu finden:
www.wolfgang-wellmann-healing-and art.de
Anfragen werden ebenfalls an die oben genannte
Postanschrift erbeten.

Von Wolfgang Wellmann und Marc Ericson
sind im Verlag BoD bereits erschienen:

„Der Neue Zarathustra"
Band I – eine Neubearbeitung nach Friedrich Nietzsche als
eine Synthese aus Kunst, Psychologie und Spiritualität –
ein modernes Märchen in 111 Bildern
zur Entfaltung der Kreativität

„Facetten der Kreativität" – für den
von Innen motivierten Menschen
Stressabbau - Ideenreichtum - Inspiration
Charisma - Innovation - Erfolg - Karriere
Viele Bilder und intensive Übungen,
<u>Bilder zum eigenen Ausmalen</u>

***„Menschen und Rechte – Menschen im Einklang –
Menschen mit Liebe"***
Bilder von Marc Ericson mit Aphorismen von Wolfgang Wellmann

Von Wolfgang Wellmann:

„Reiki – Im kreativen Strom der Lebenskraft"

„Säulen der Erfüllung"
Zurückgelassene Identifikationen auf den Stufen zur Freiheit
Aphoristische Reflexionen über den individuellen Weg

„Das Aroma der Lebensfreude" – Essen als Meditation

„Das Geheimnis der Begegnung" –
Die Begegnung mit sich selbst

Die früher bei den Verlagen O.W. Barth, Kamphausen und
Random House erschienenen Titel sind antiquarisch erhältlich.

Weitere Titel in Vorbereitung:
Eine entspannende Trilogie zum Entwickeln ganzheitlicher Effektivität und kreativer Lebensfreude mit vielen Bildern:
Band 1: *„Die Reise nach Shamballah"*
Auf den Flügeln der Phantasie und mit den Bildern der Seele
Band 2: *„Der Tempel in Darjeeling"*
Band 3: *„Zen-Kunst und Koans für Führungskräfte"*

Der Zarathustra-Zyklus Band II bis V
Der Weg zur mühelosen Innovation... mit vielen Bildern

„Zarathustra´s Reden" über die Zusammenhänge von Kunst und Lebenskunst, mit Originalzitaten von Friedrich Nietzsche sowie über den Weg der Poesie, der Schönheit und der Lebenskunst, der praktischen Selbsterfahrung hin zur spontanen Malerei, mit Originalzitaten chinesischer Künstler und von W. Kandinsky.

„Das Meer"
Bilder von Marc Ericson mit Zitaten von Albert Camus und mit Aphorismen von Wolfgang Wellmann

„Kunst als das Spiel der Freiheit"
Bilder und Aphorismen von Marc Ericson mit praktischen Übungen zur Steigerung der emotionalen, kreativen und transzendenten Intelligenz

Notizen

Notizen

Notizen